АМЕРИКАНСКИЙ ПЕРИОД

ВАЛЕРИЙ КОВАЛЕВ

ЖИВОПИСЬ, СКУЛЬПТУРА

Valeriy Kovalev
(Paintings, Sculpture)

Gen Editor: Ludmila Stepanova
Editor: Leonid. Stepanov
Book design by Izya Shlosberg
Preface: Izya Shlosberg

ISBN-13: 978-1523783038
ISBN-10: 1523783036

ВАЛЕРИЙ КОВАЛЕВ

ЖИВОПИСЬ, СКУЛЬПТУРА

Традиционно вне традиций

При всем неоднозначном отношении к Горбачеву следует признать, что если Петр Первый прорубил окно в Европу, то Горбачев перепилил на этом окне решетку и превратил окно в ворота. Состоялся обмен: из ворот наружу хлынули эмигранты, внутрь ворот — товары и идеи, заставившие сомневаться в незыблемости существовавших доселе правил. Однако культура, которая, как правило, является буревестником глобальных изменений, не спешила отказываться от своих институтов и основ. Новые веяния, формы, словеса — все плавало на поверхности, уподобившись тому, что не тонет. Администрация побаивалась распахивать двери своих убежищ — а вдруг все вернется на круги своя. такое уже не раз бывало. Да разве только администрация? Прикормленные деятели культуры тоже не хотели добровольно отдавать свои кормушки.

И все-таки лозунги «Верной дорогой идете товарищи» постепенно сменили билборды с рекламой, а портреты вождей перестали заполнять мастерские художников.

Валерию Ковалеву повезло. Портреты вождей и партбилеты имущих, хотя позволили кормить семью, однако не стали объектом его вдохновения. По окончанию Белорусской театрально-художественной академии (в те времена еще института), он возвращается в родной Калининград — самый несоветский город Советского Союза. Идеи и веяния, хлынувшие в ворота «имени Горбачева», только подтверждали правильность его суждений и оценок. Картина — это не форма и не содержание. И даже не их баланс, хотя догмы диалектики учат, как раз, балансу в произведениях искусства. Идейность коммунистического искусства лозунгами «Как правильно рисовать Ленина», «Создание композиций», как ни парадоксально, спихивала творчество в безыдейность, трафаретность.

Безусловно можно восхищаться идеальными пропорциями, виртуозным рисунком, цветом и светом. Тогда содержание как бы отступает на второй план. Но ведь абстрактное искусство тоже базируется на первичности формы. Что-то тут не то.

Проблема в том, что объект творчества нельзя запихнуть в двухмерные координаты. Количество координат бесконечно. Свободное независимое творчество не может быть ограничено рамками «правильно» и «неправильно».

Валерию Ковалеву не нужно мучиться над решением технических задач. Цвет, форма, композиция — в этих океанах он себя чувствует, как рыба. Главное в его картинах — мысль. Почти материализованная идея — именно то, что отличает настоящего художника от дипломированного специалиста.

Вроде внешне все просто. Куча мелких людишек, какой-то корабль («Корабль дураков»). Но есть в этом что-то знакомое, то что волновало тебя самого. Батюшки, да это же Брейгель. Осовремененный, перекликающийся цветом с одним из столпов Белорусской школы Л. Щемелевым, но по-брейгелевски ироничный, печальный и ранимый. Валерий часто пытается соединить, казалось бы, несоединимые вещи. На одном холсте и Малые Голландцы, и Рубенс, и Джино Северини, и еще кто-то, но больше всего самого Валерия Ковалева. Поэтому каждая его картина — это целый выставочный зал. И все-таки дань классике — не основная цель художника. Главный вектор — это то, что его беспокоит, переживание, которые он хочет разделить со зрителем. «Замерзающий ангел». Одно название стоит многого. А еще краснощекие, привычные к морозу персонажи, которые спасают страждущего. Спасают — это главное. Неважно кого — ангела, соседа, врага... Спасти ближнего — вот залог процветания жизни на планете.

Творчество художника не ограничивается только живописью. Скульптура, графика.

Им проиллюстрировано более сорока книг, его сад скульптур украшает парк в штате Айова (США). Кто бы мог представить, какой подтекст обретут стилизованные белорусские деды в далеком заокеанском парке. Любопытно, что во время работы, образованные американцы чуть ли не в очередь выстроились с заказами скульптур русских литераторов. Так появились деревянные горельефы Ахматовой, Чехова и других поэтов и писателей. И опять намеки, цитаты, возможно непонятные рядовому ценителю, но вызывающие восторг у знатоков — вот тут диалог с народно-деревянной стилизацией Кете Кольвиц, а тут спор с Марком Антокольским о том, что дерево может говорить на том же изысканном языке, что и бронза.

О Ковалеве неоднократно писала национальная пресса США, множество его работ находится в частных галереях, коллекциях и музеях разных стран. Но говоря о творчестве художника хочется избежать стандартного бряцанья медалями. Художник продолжает творить.

И это главное.

И. Шлосберг
Балтимор, 2016

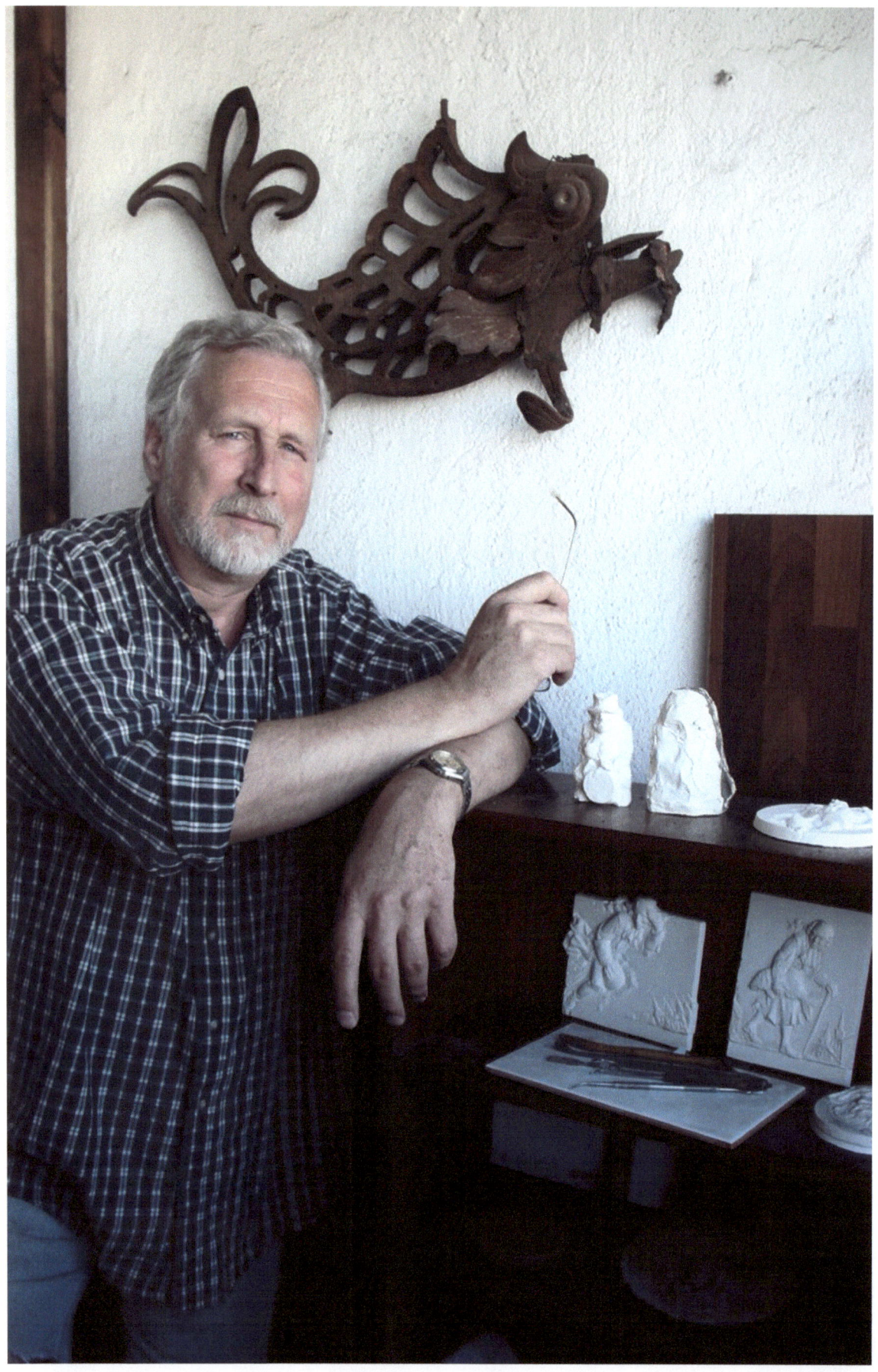

ВАЛЕРИЙ КОВАЛЕВ

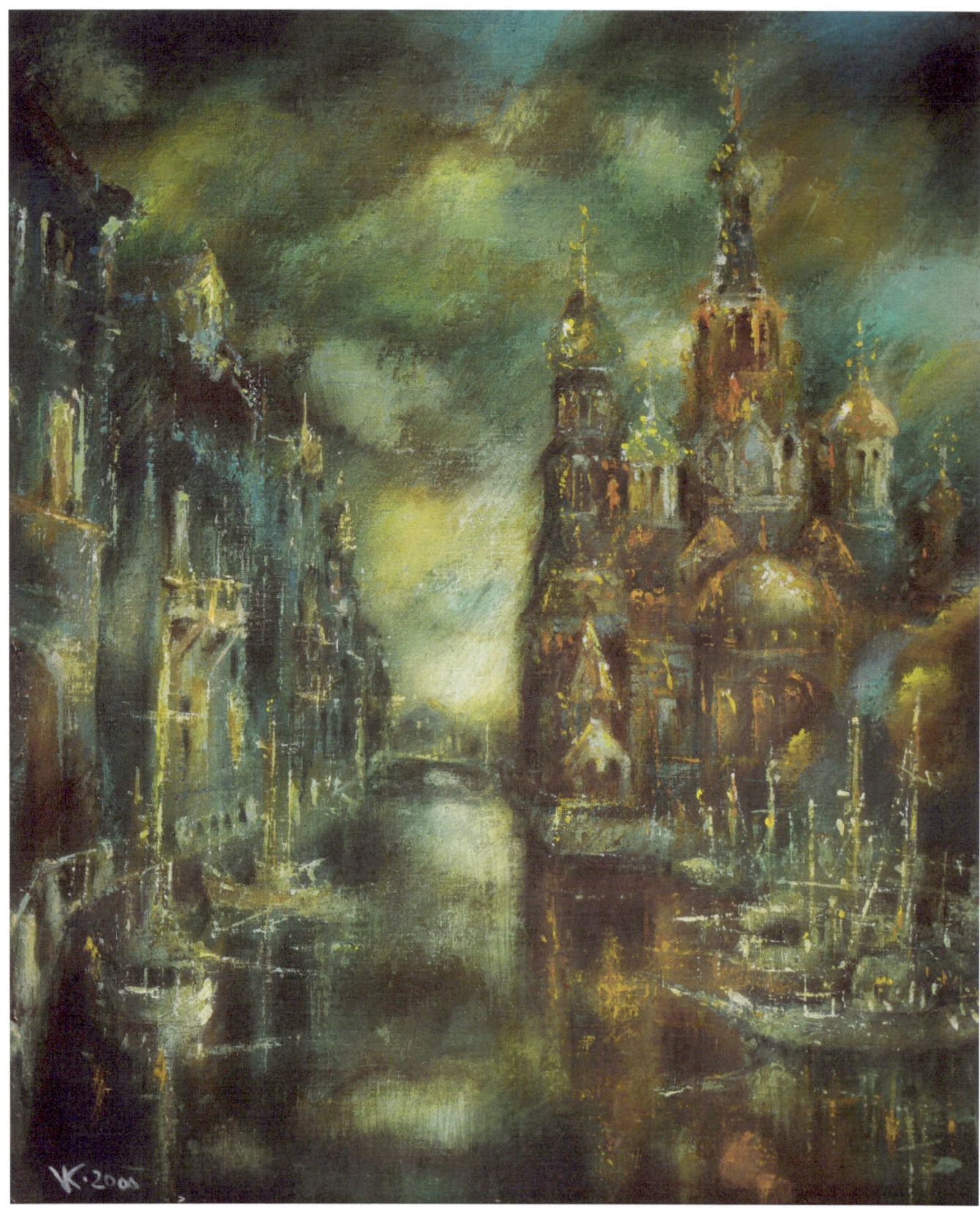

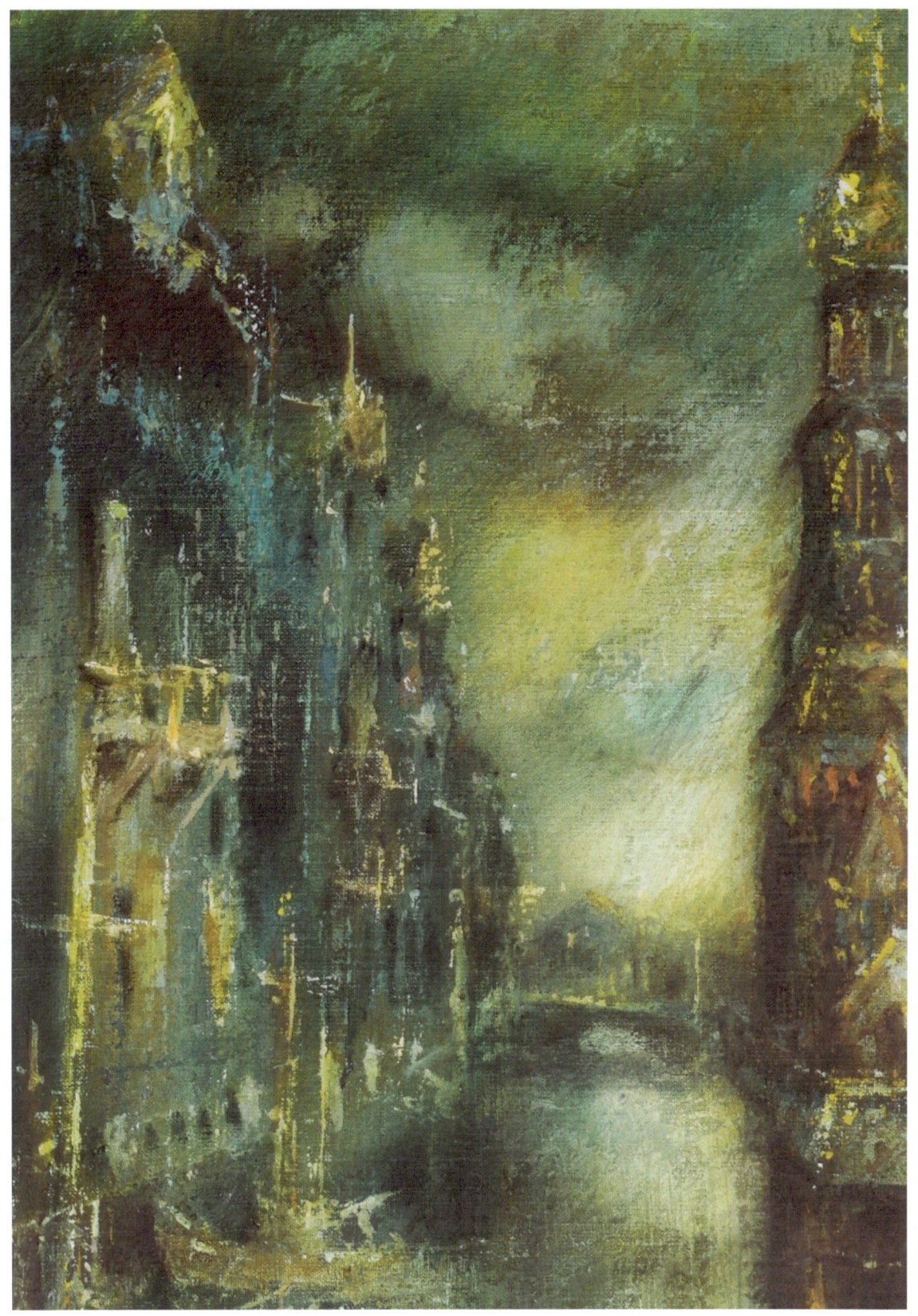

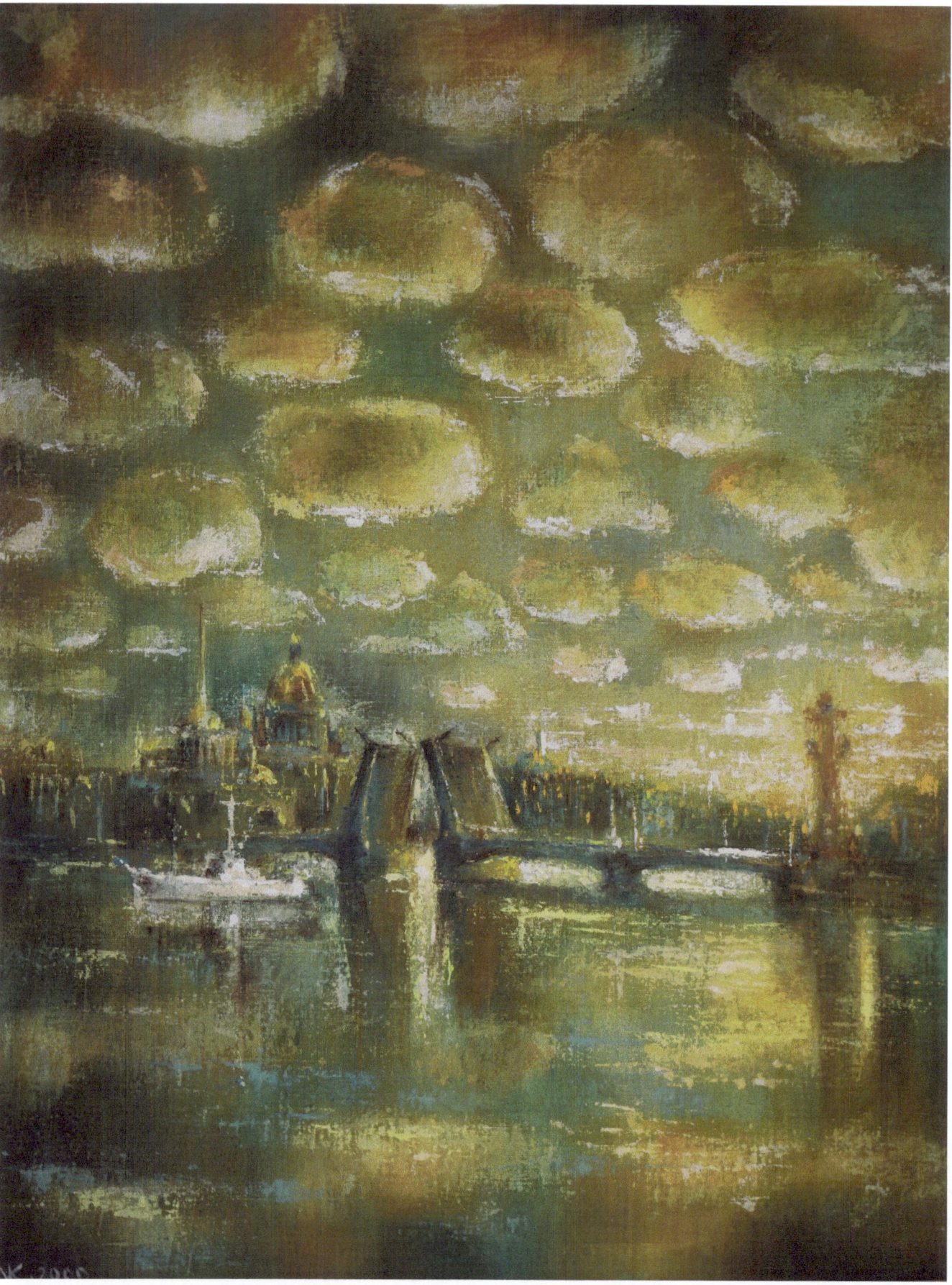

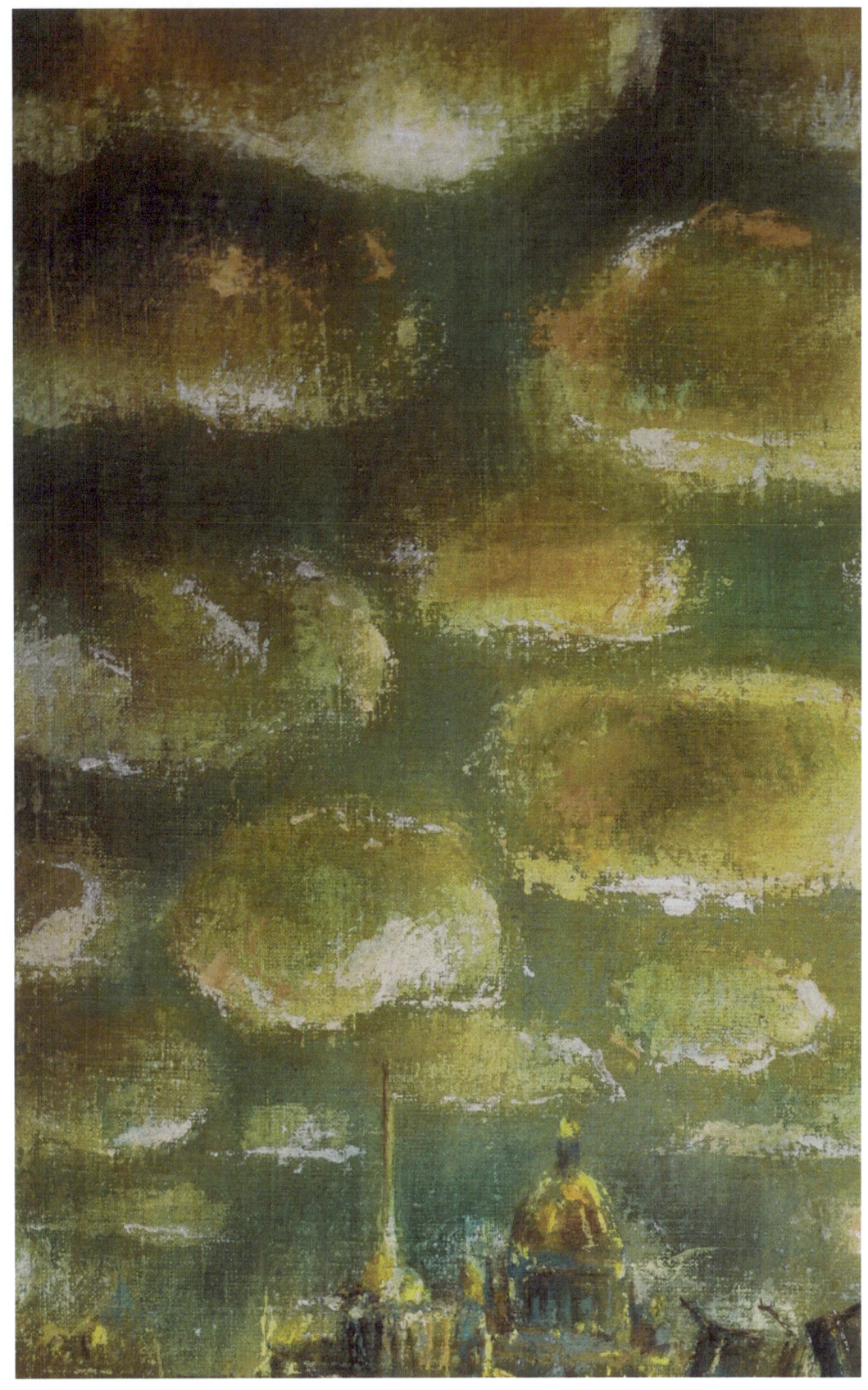

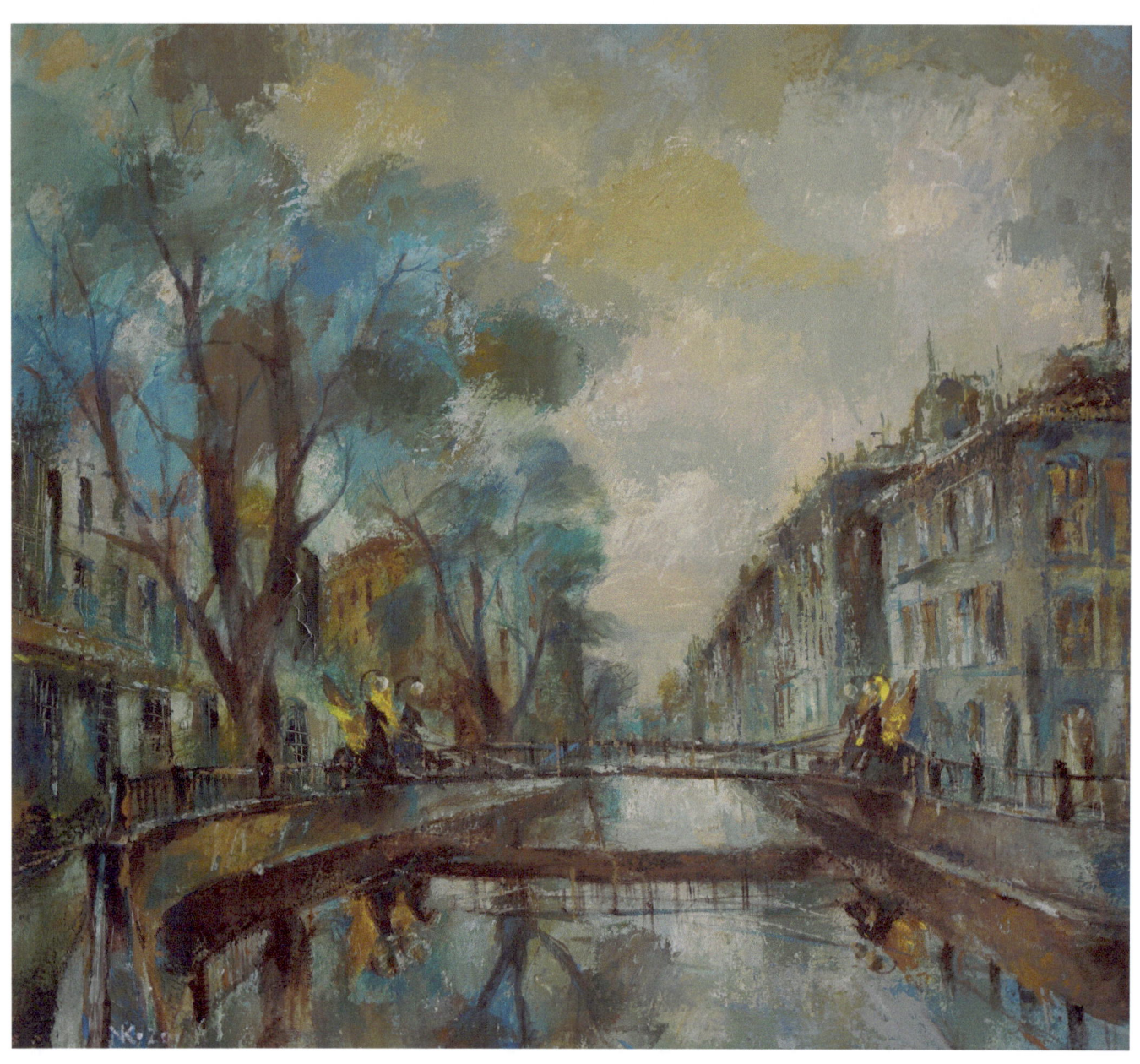

12

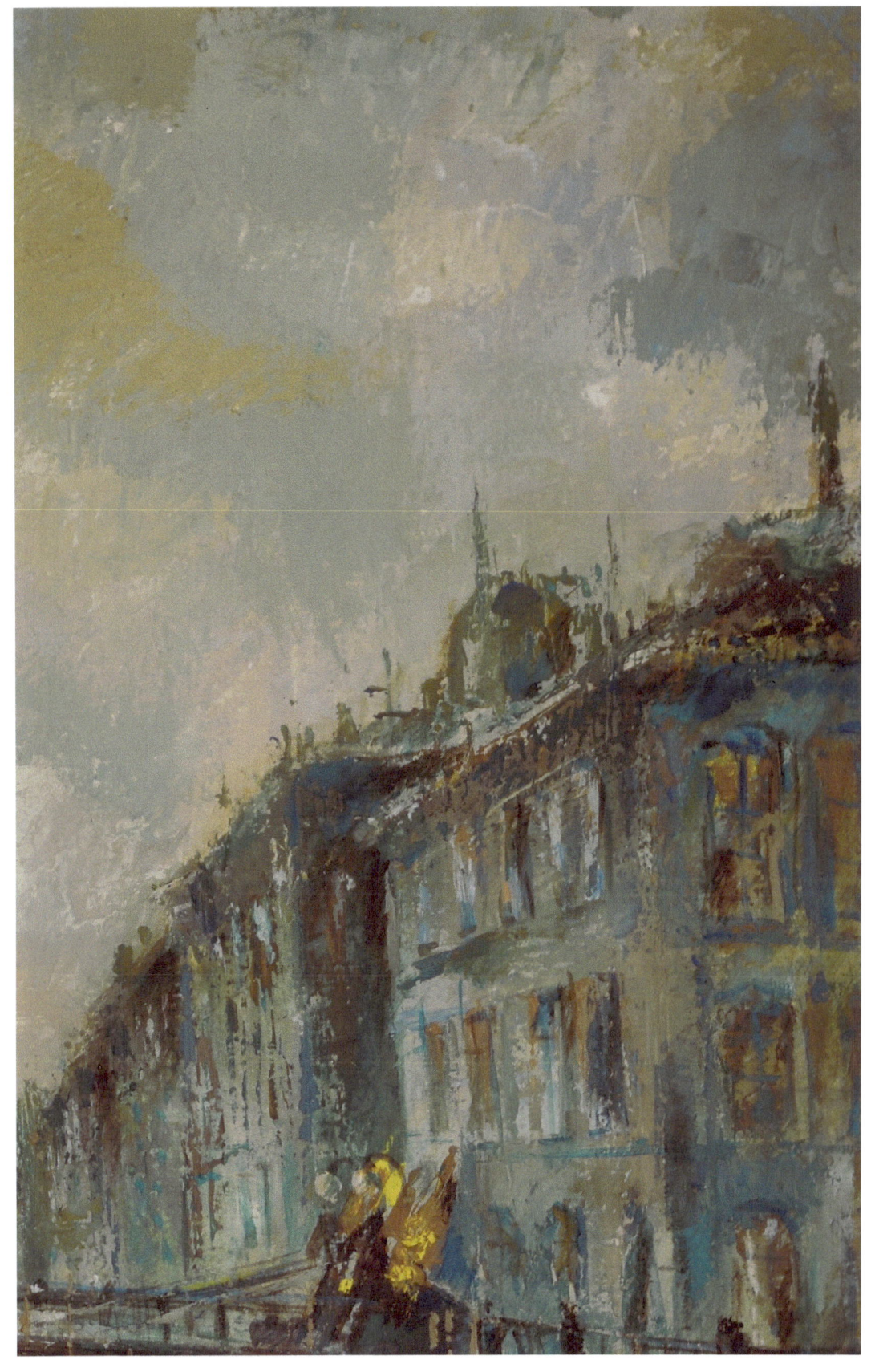

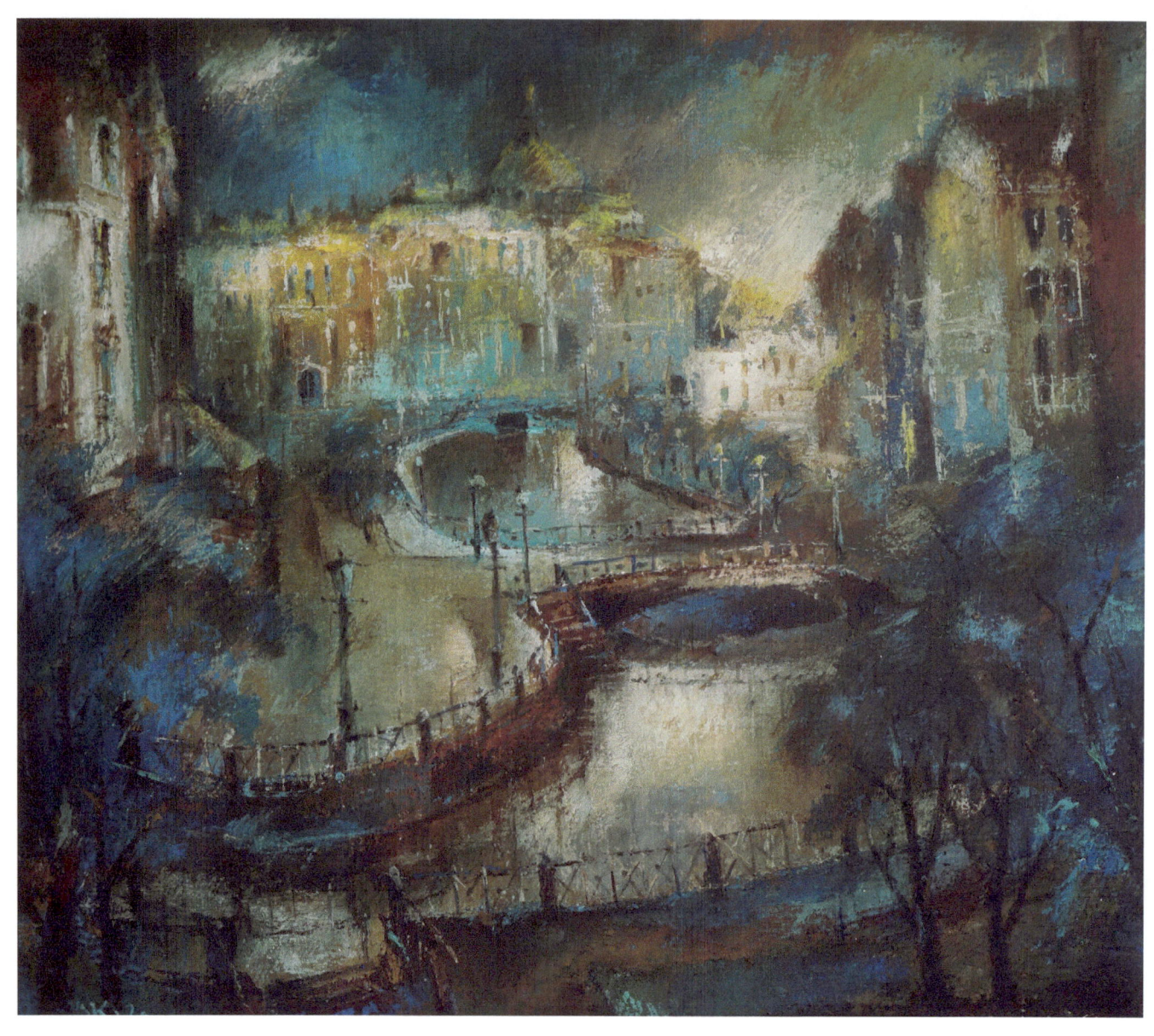

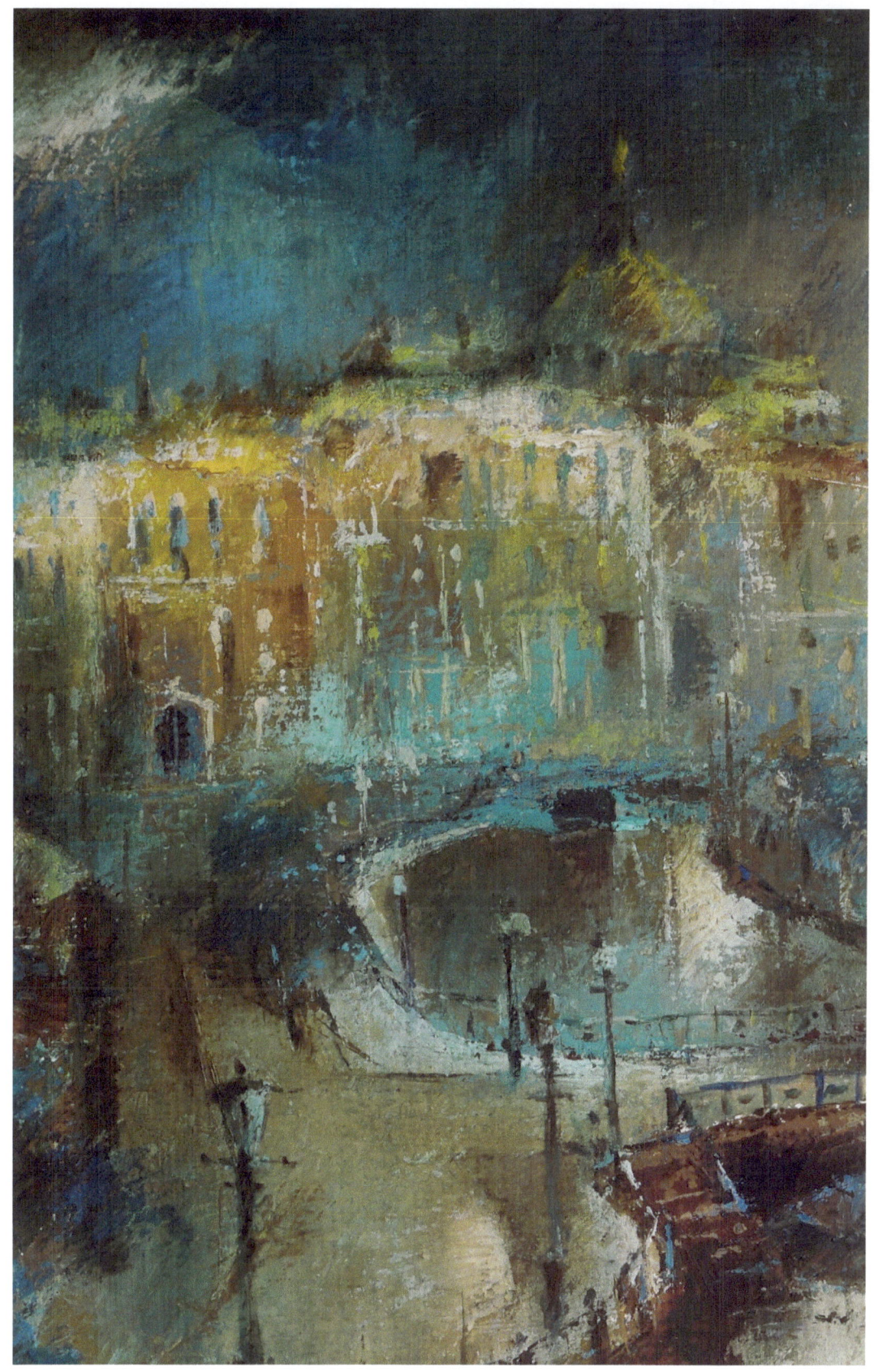

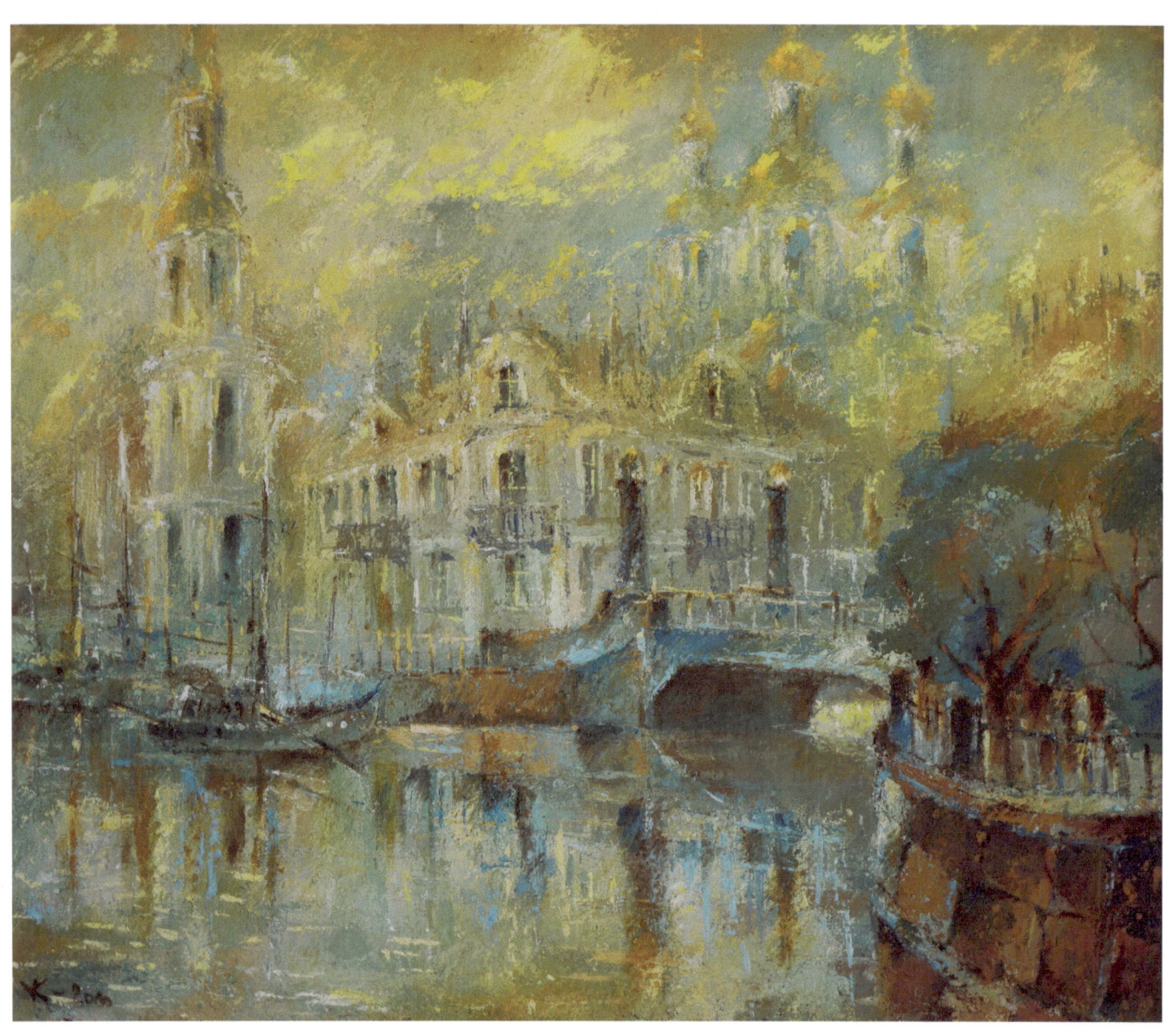

16

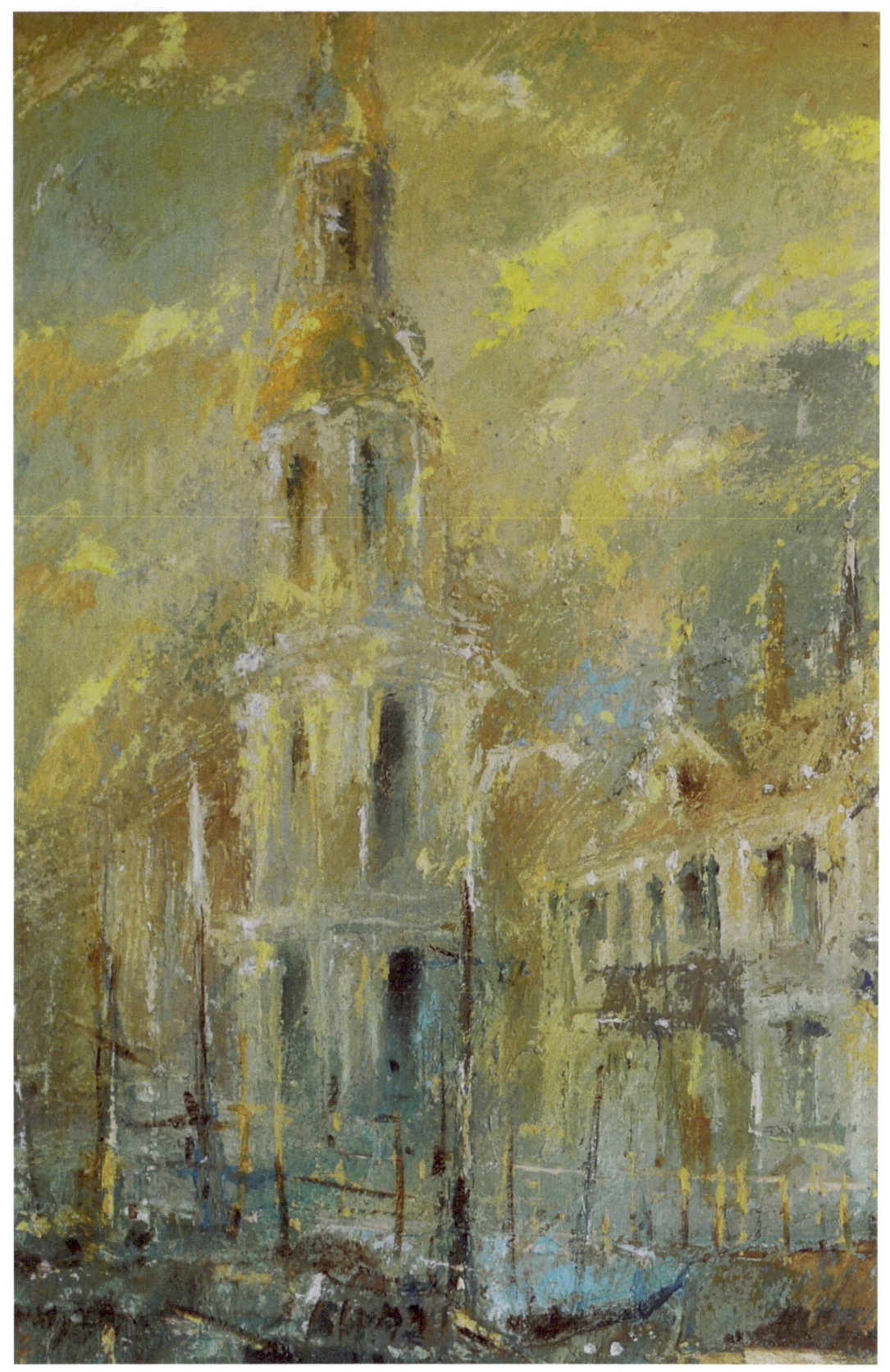

17

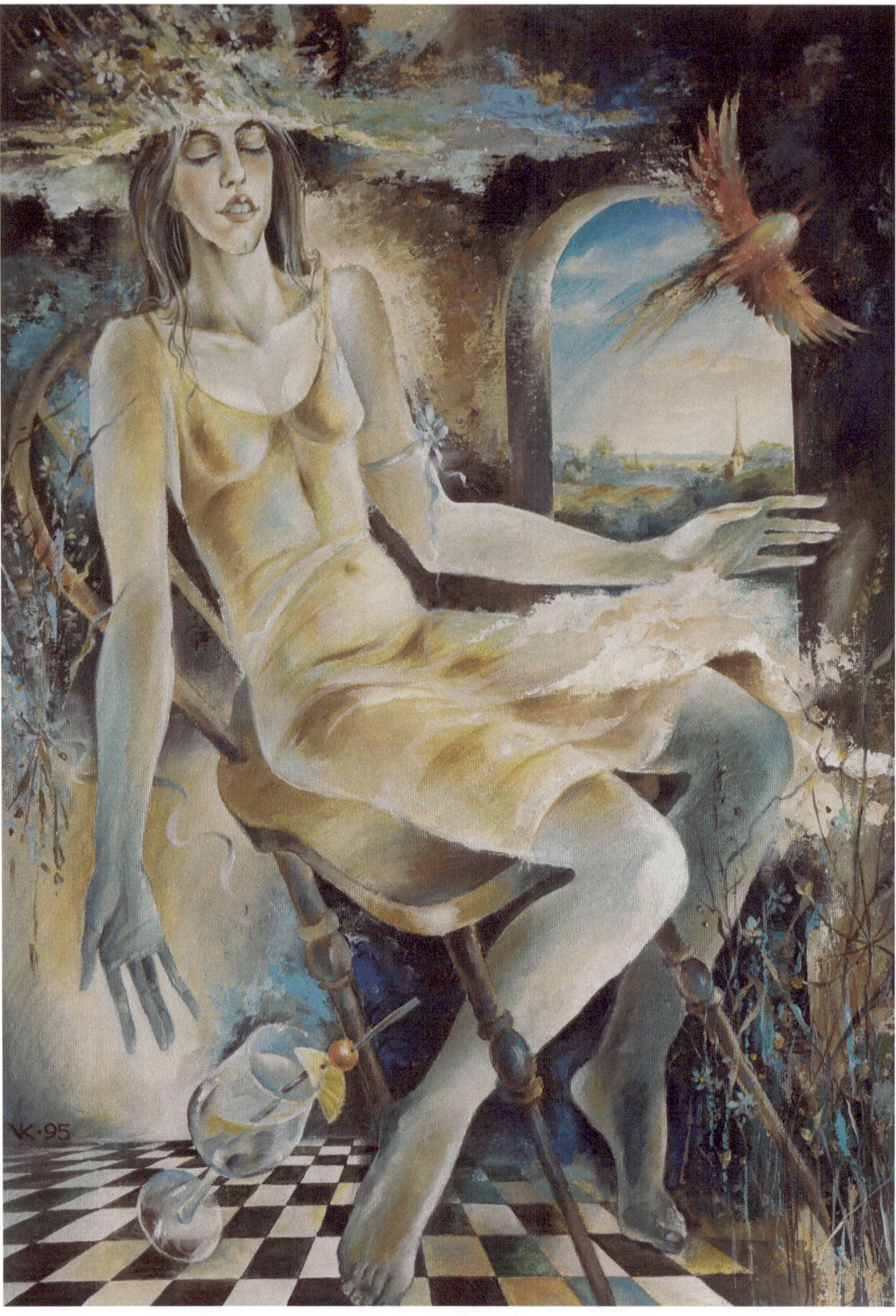

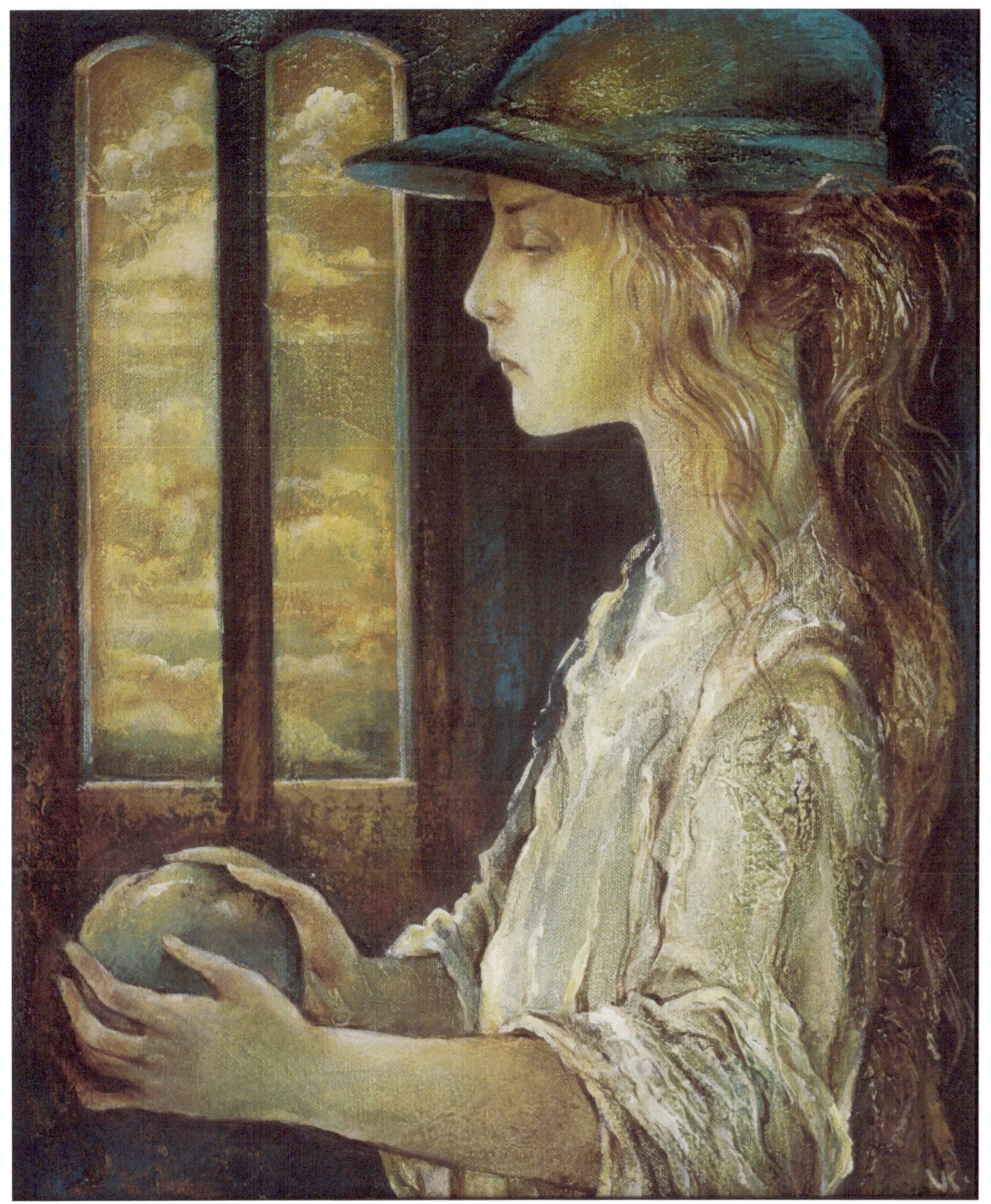

19

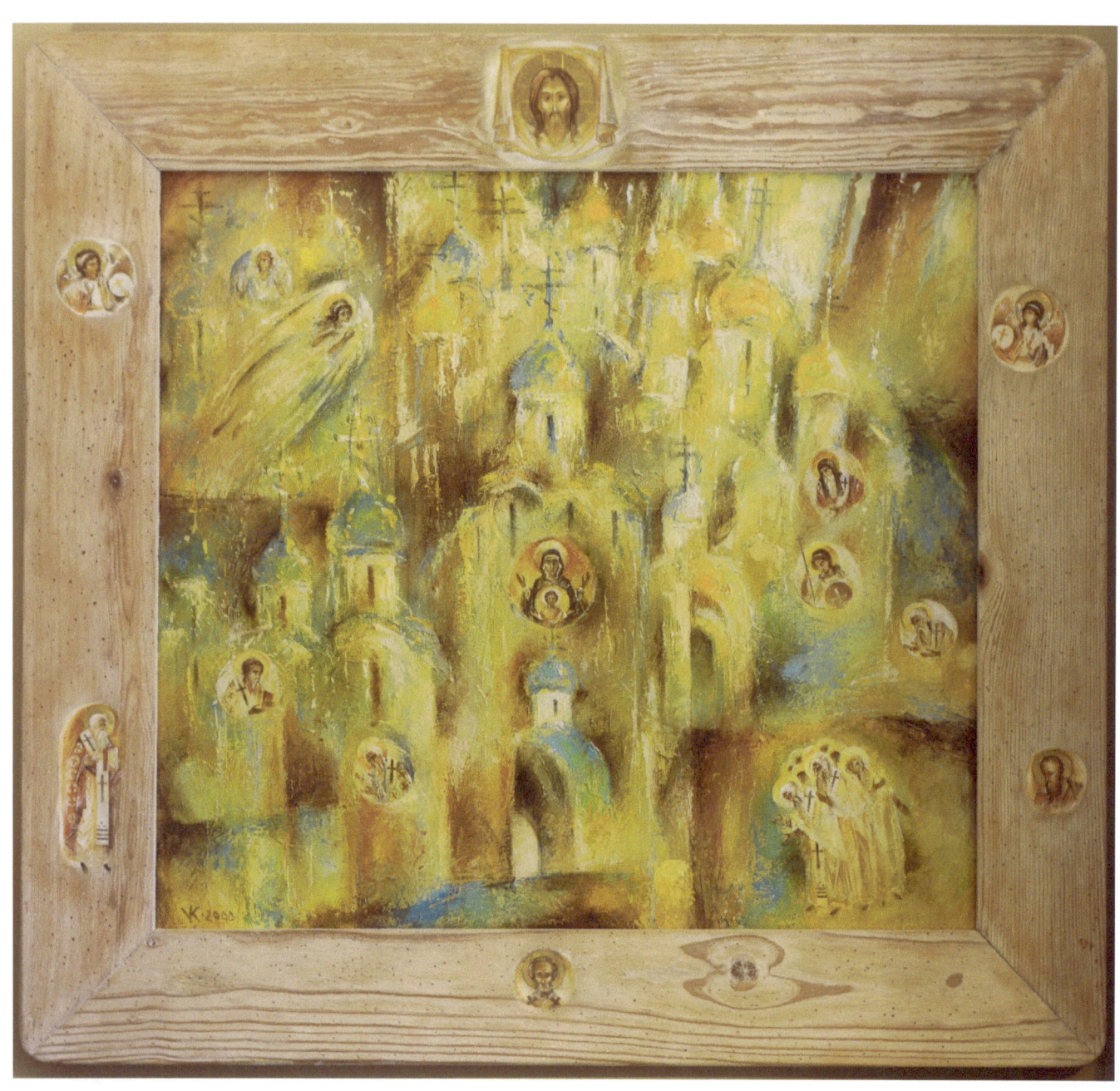

20

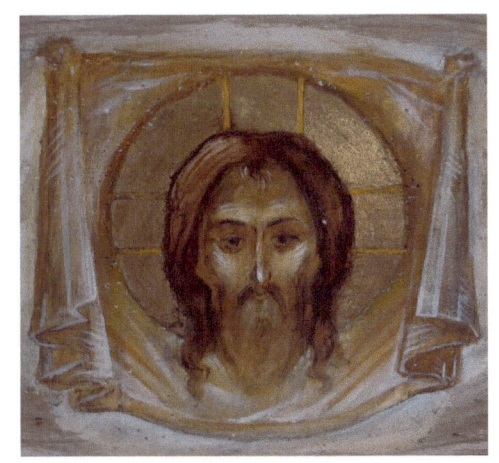
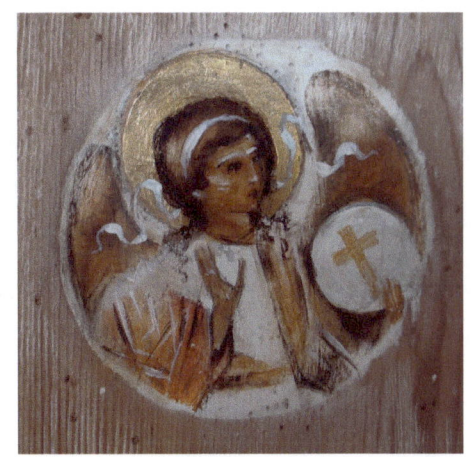
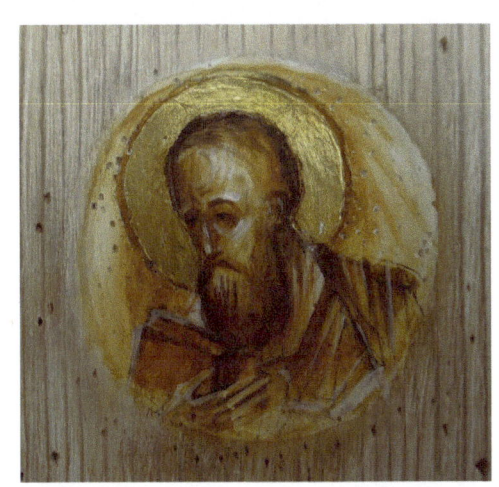
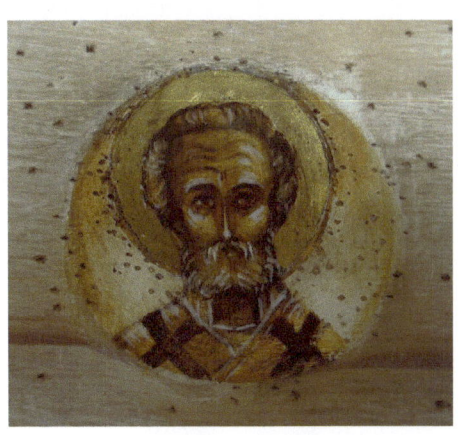
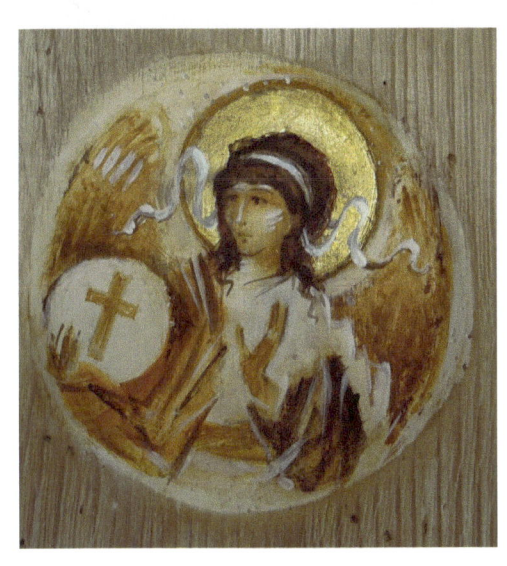
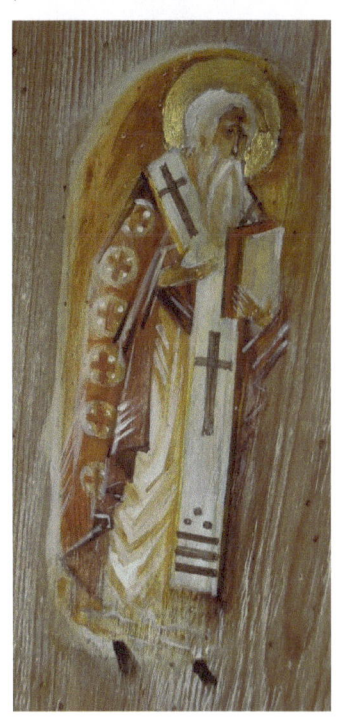

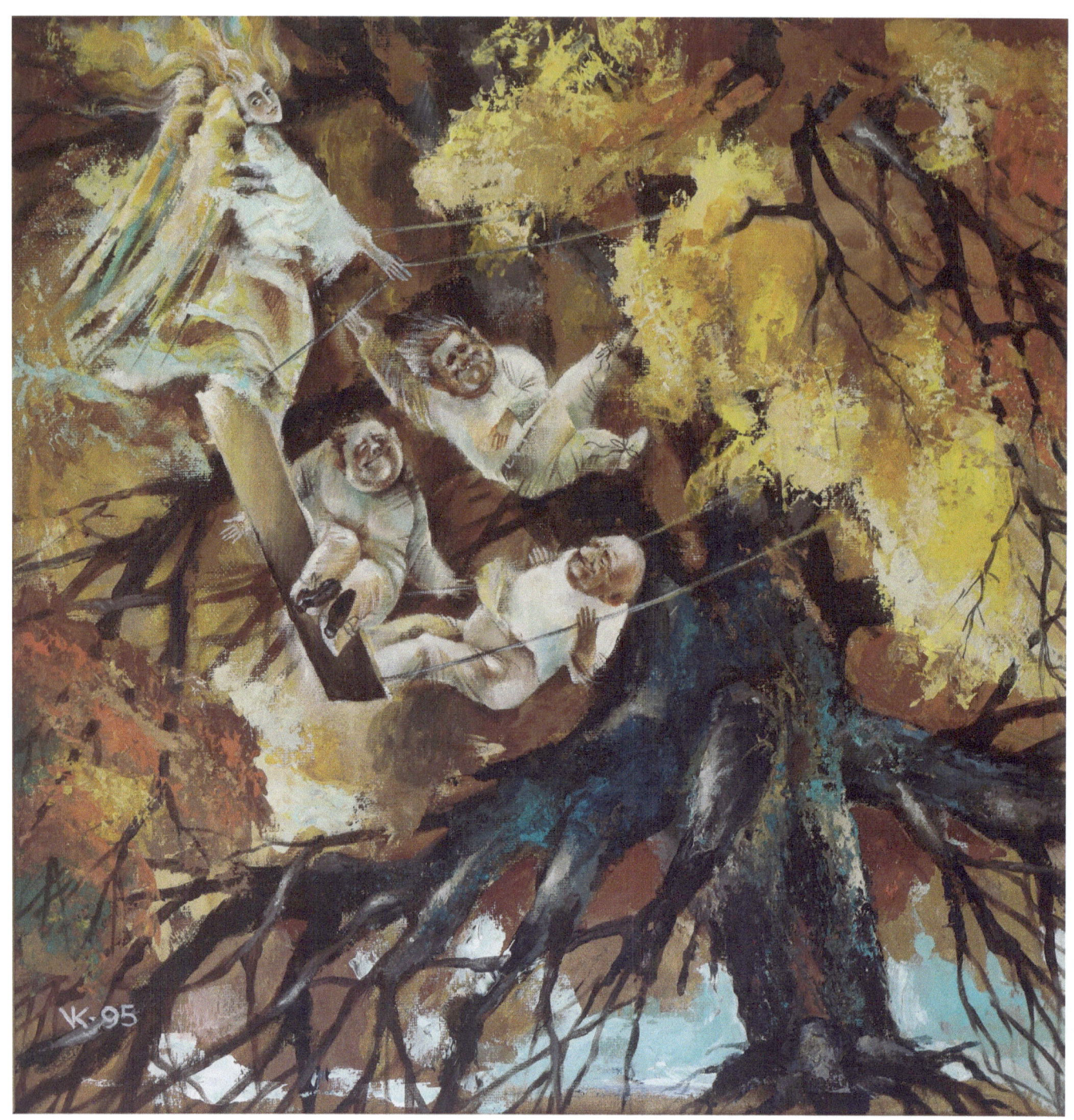

22

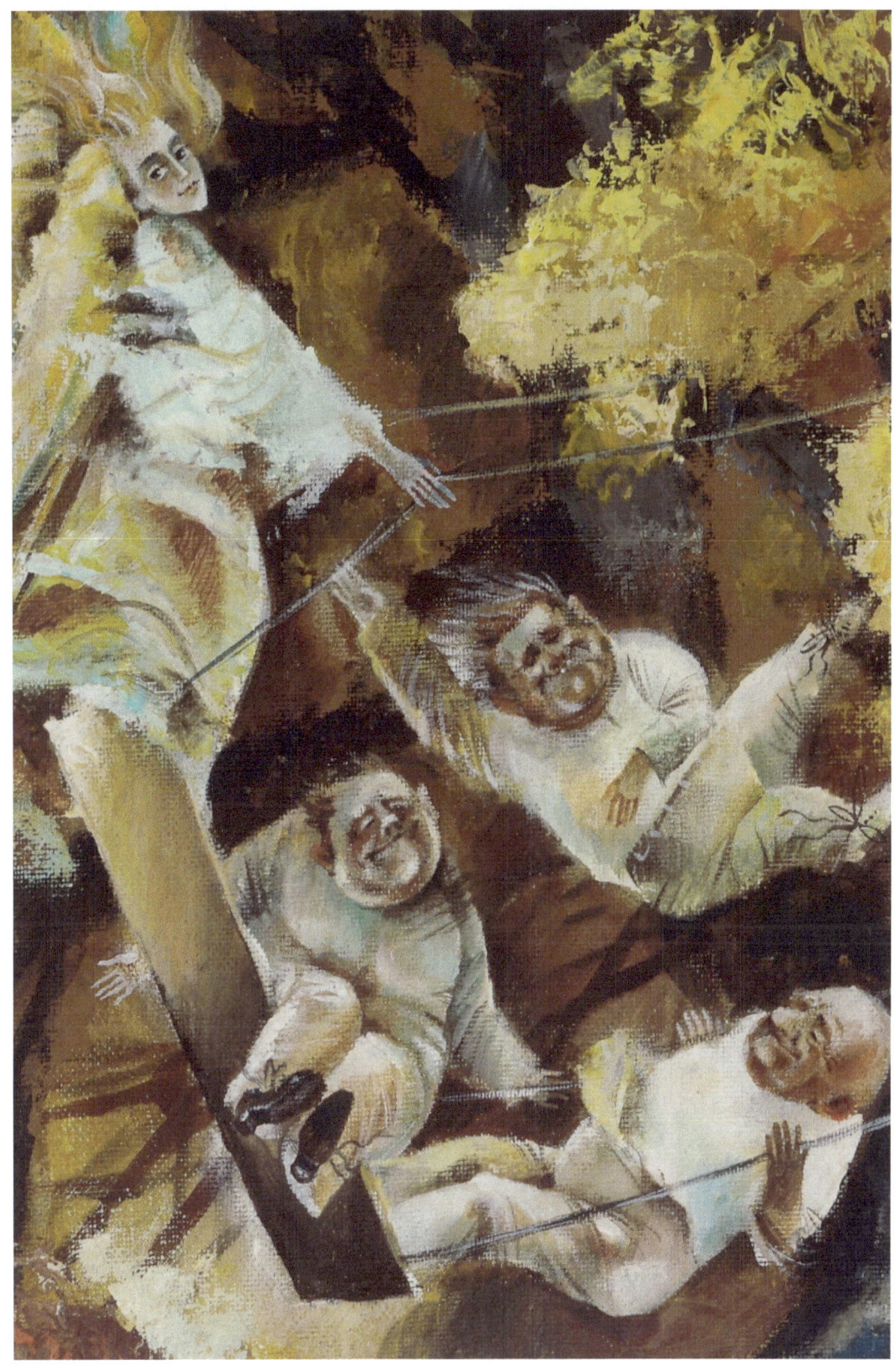

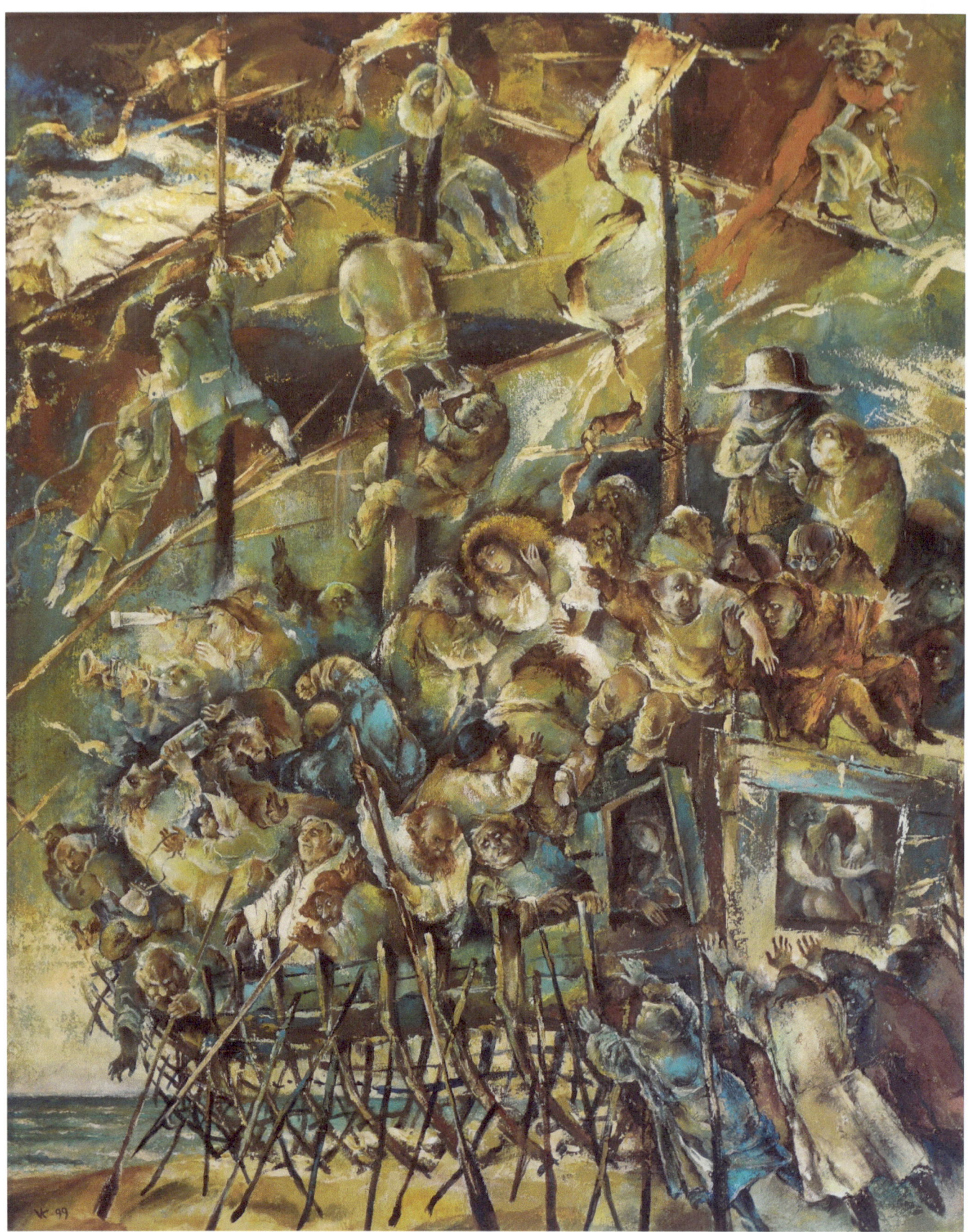

24

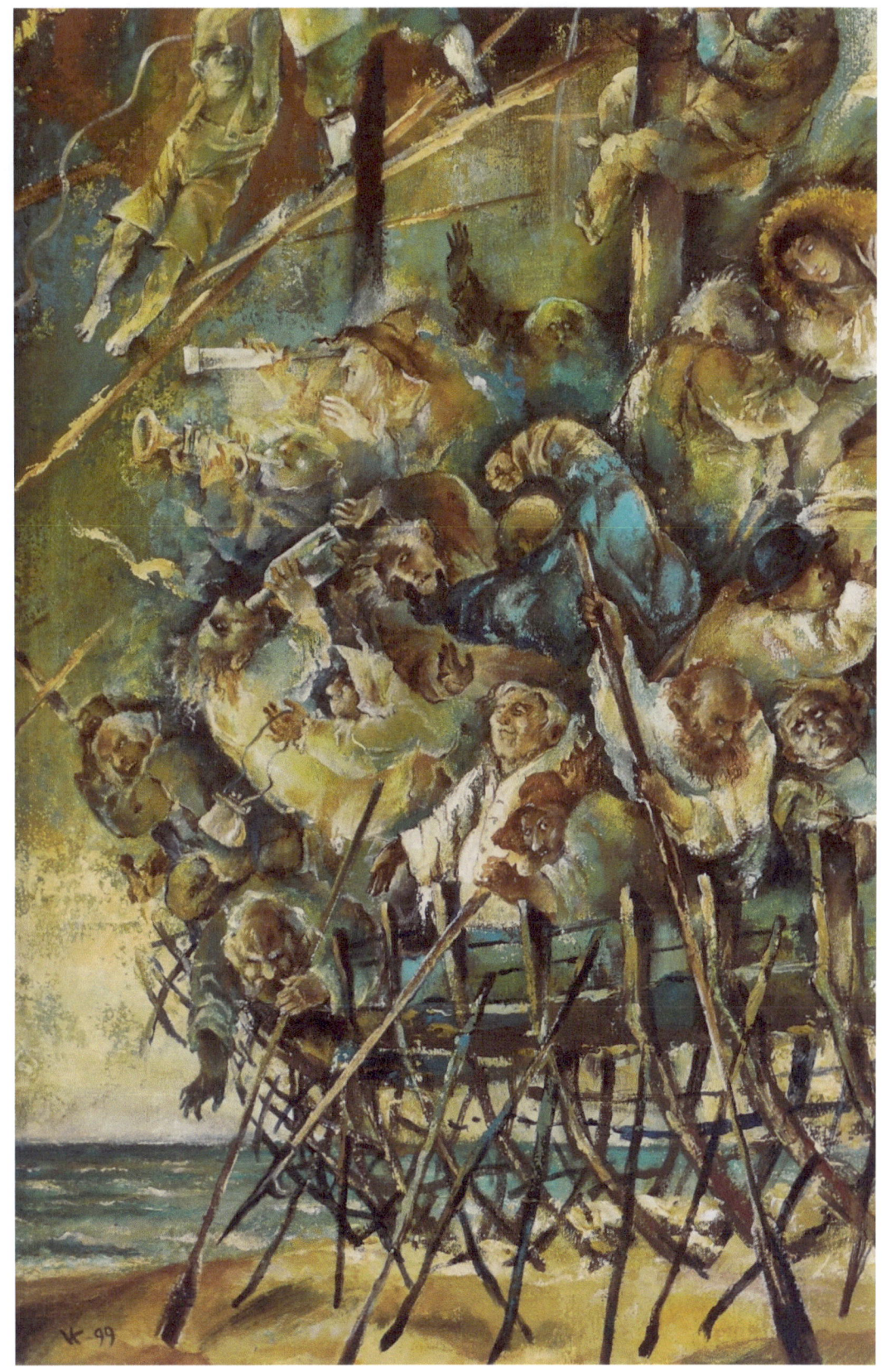

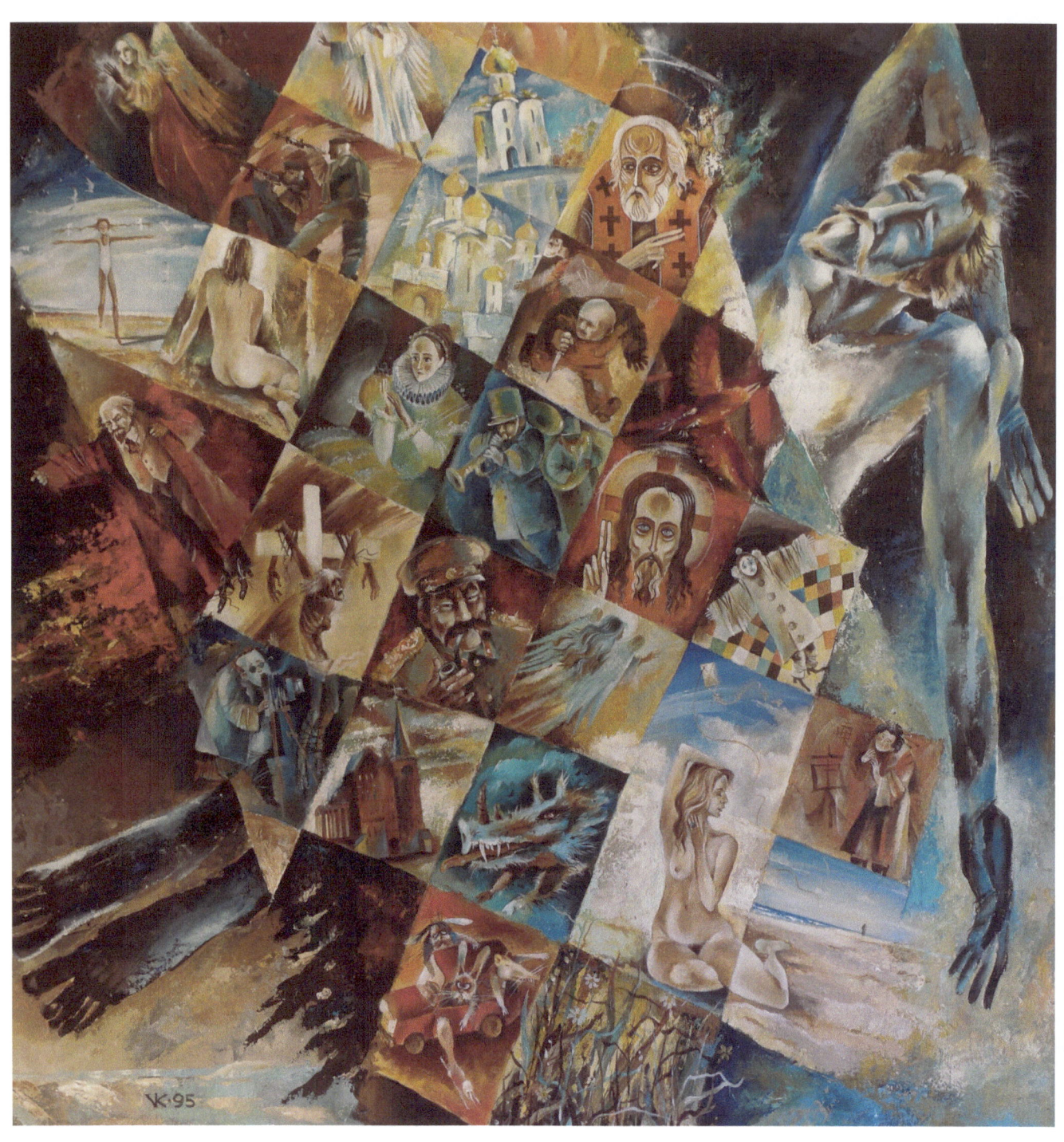

26

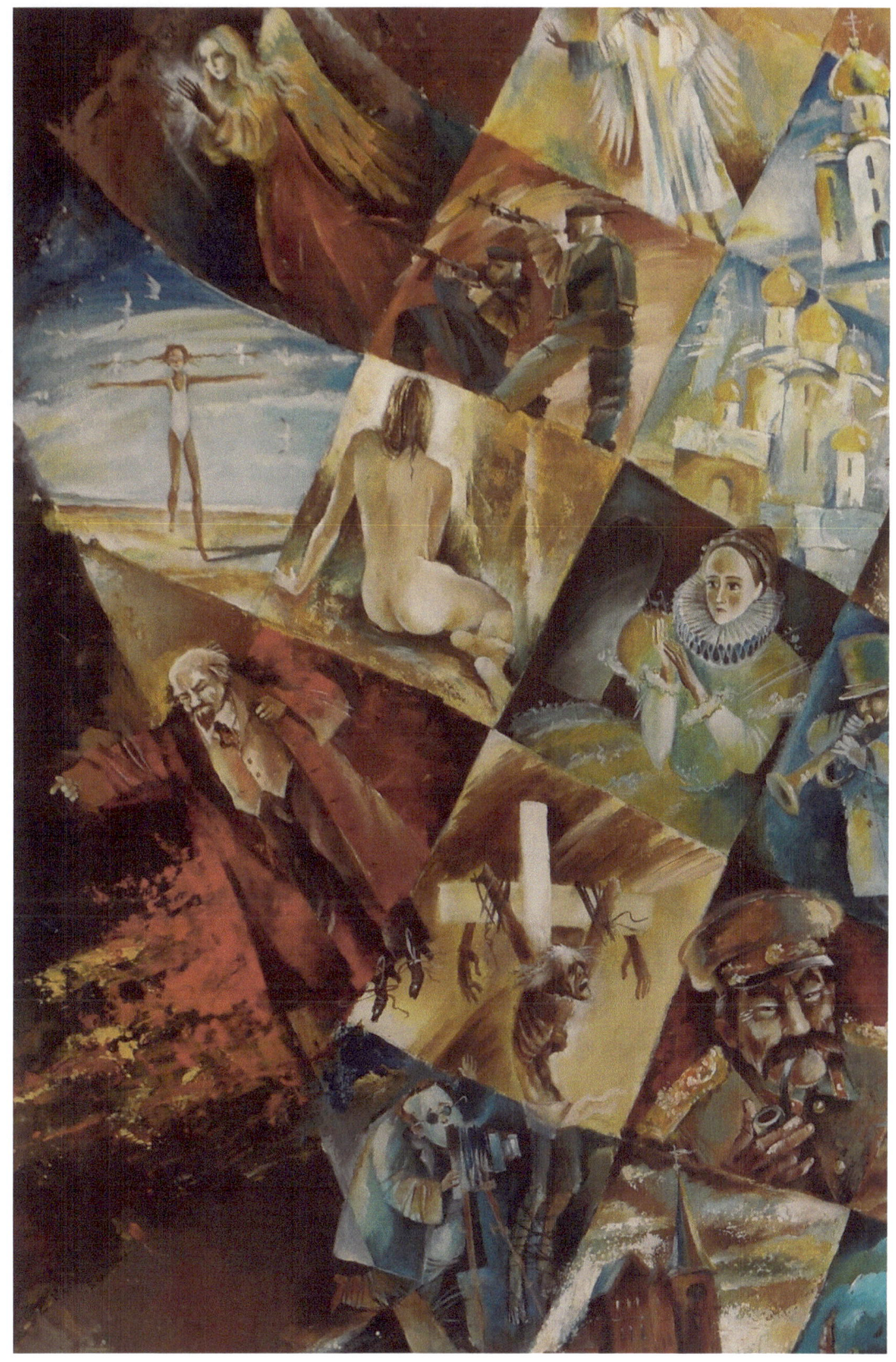

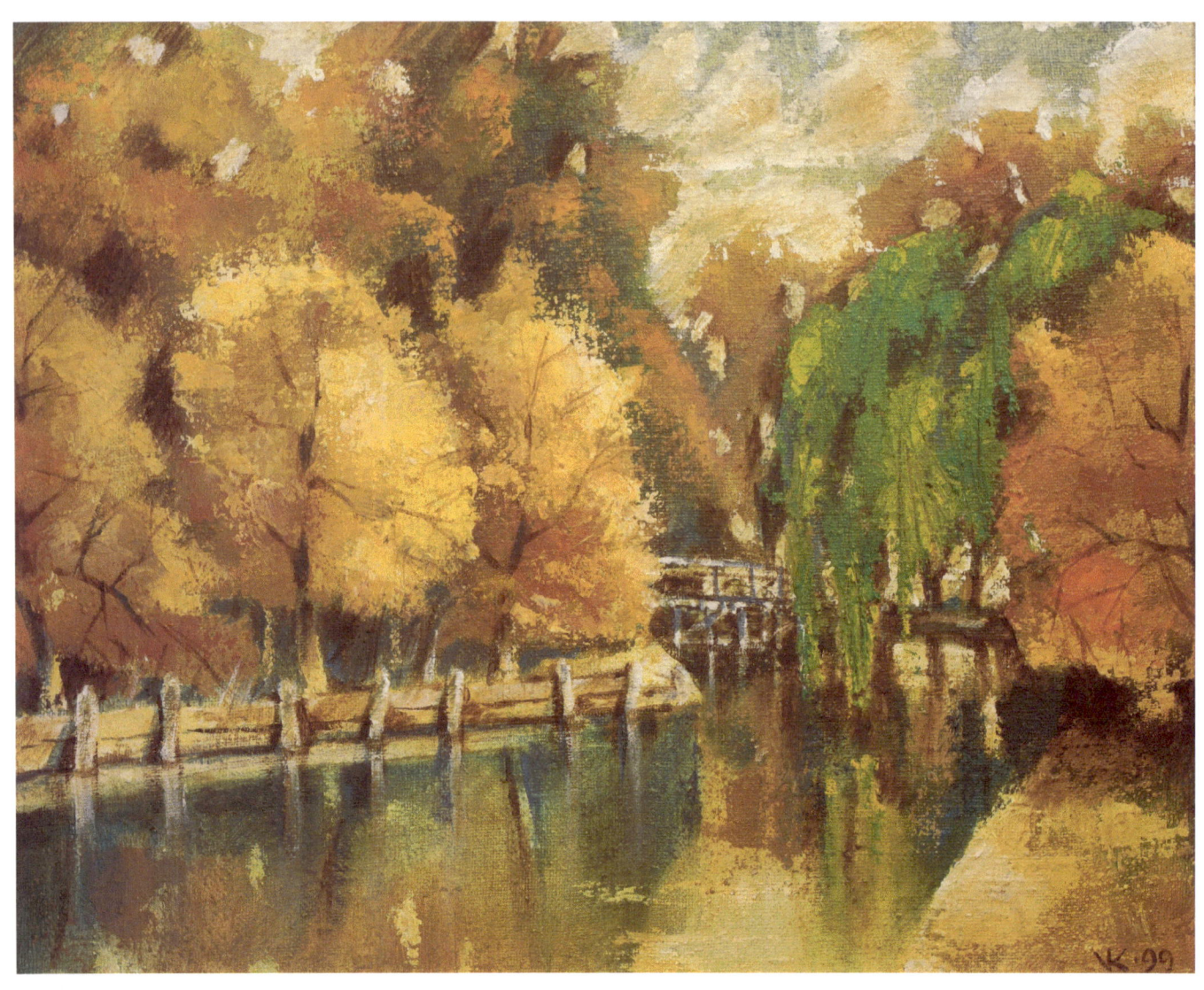

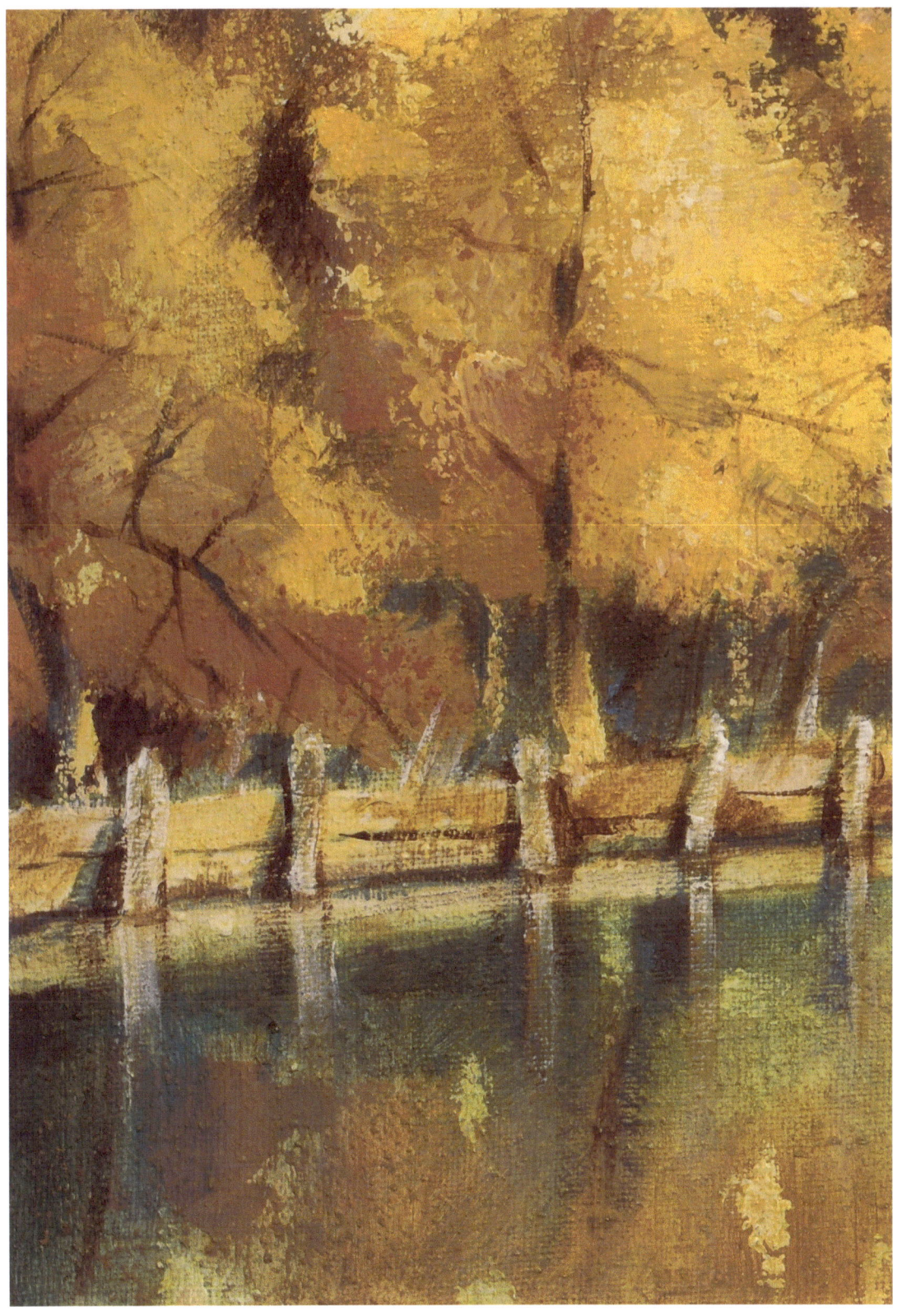

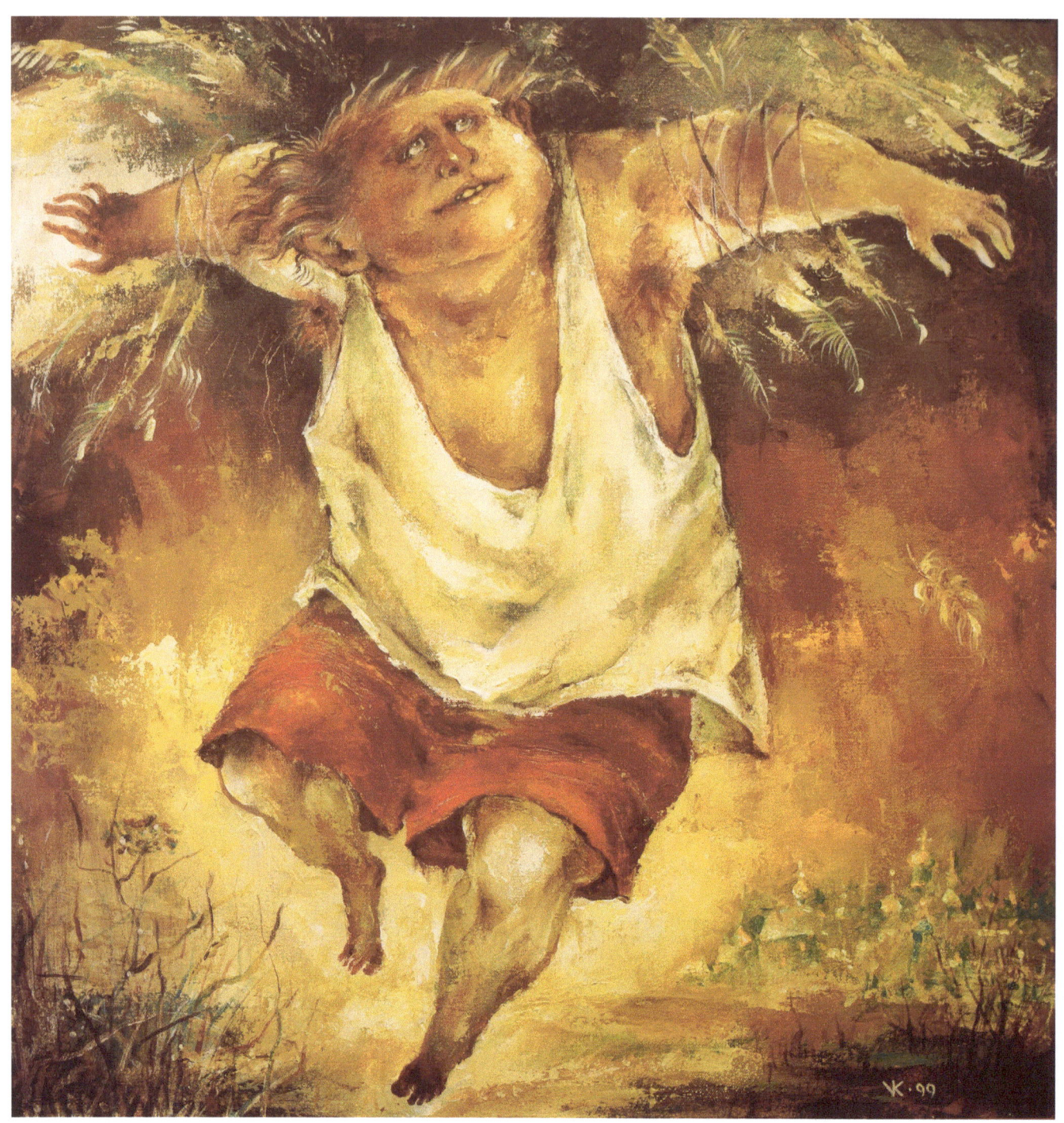

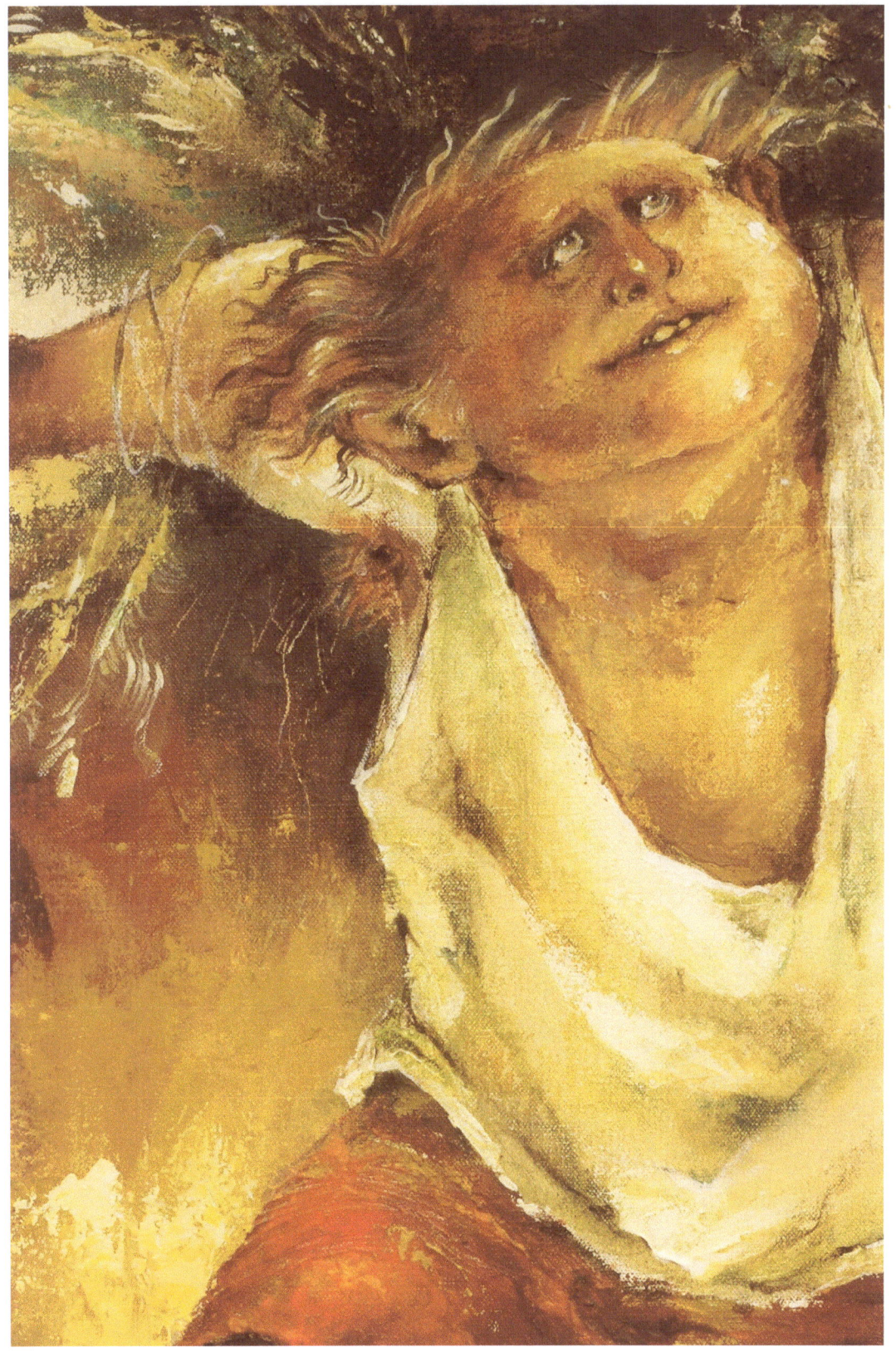

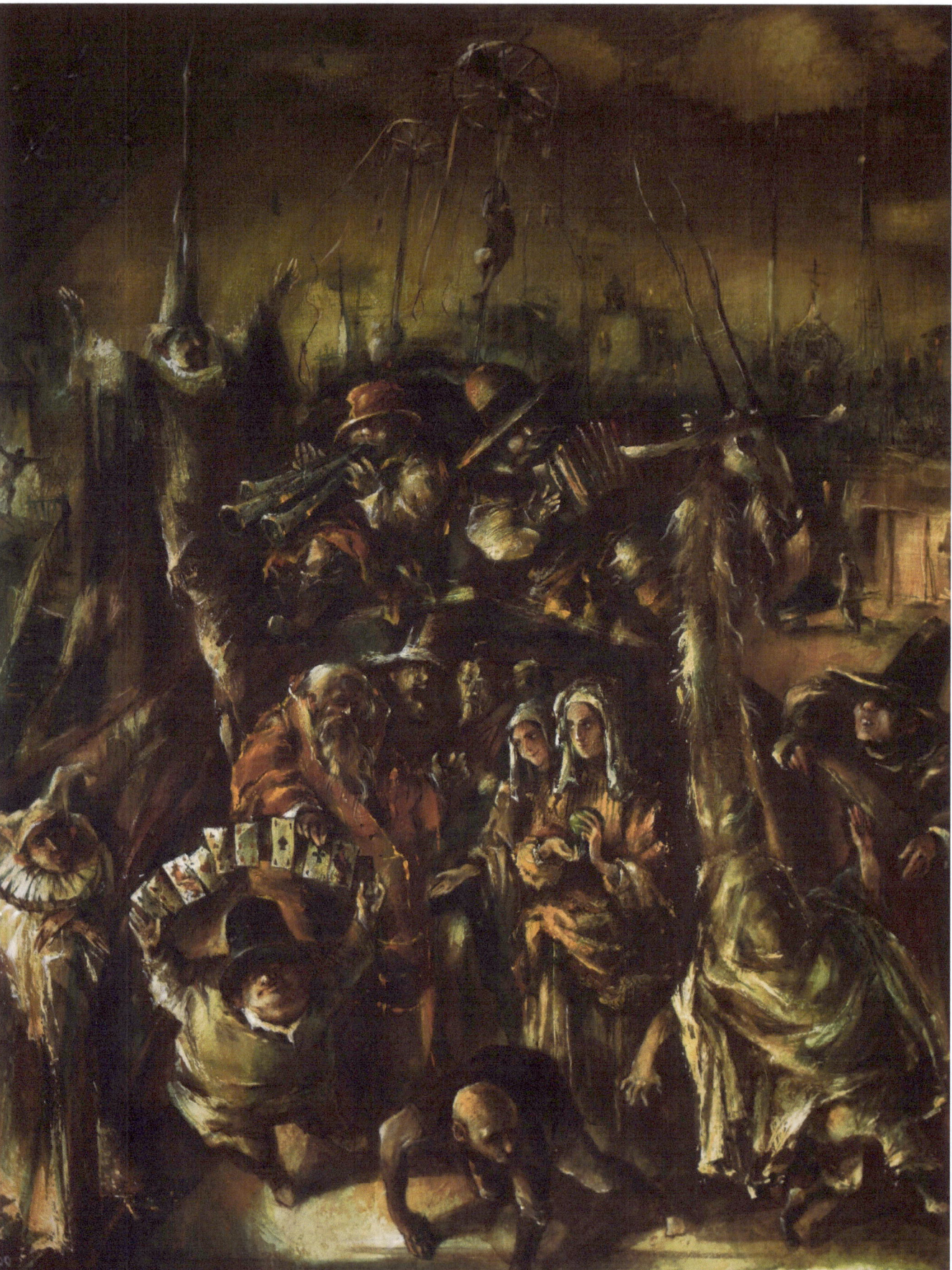

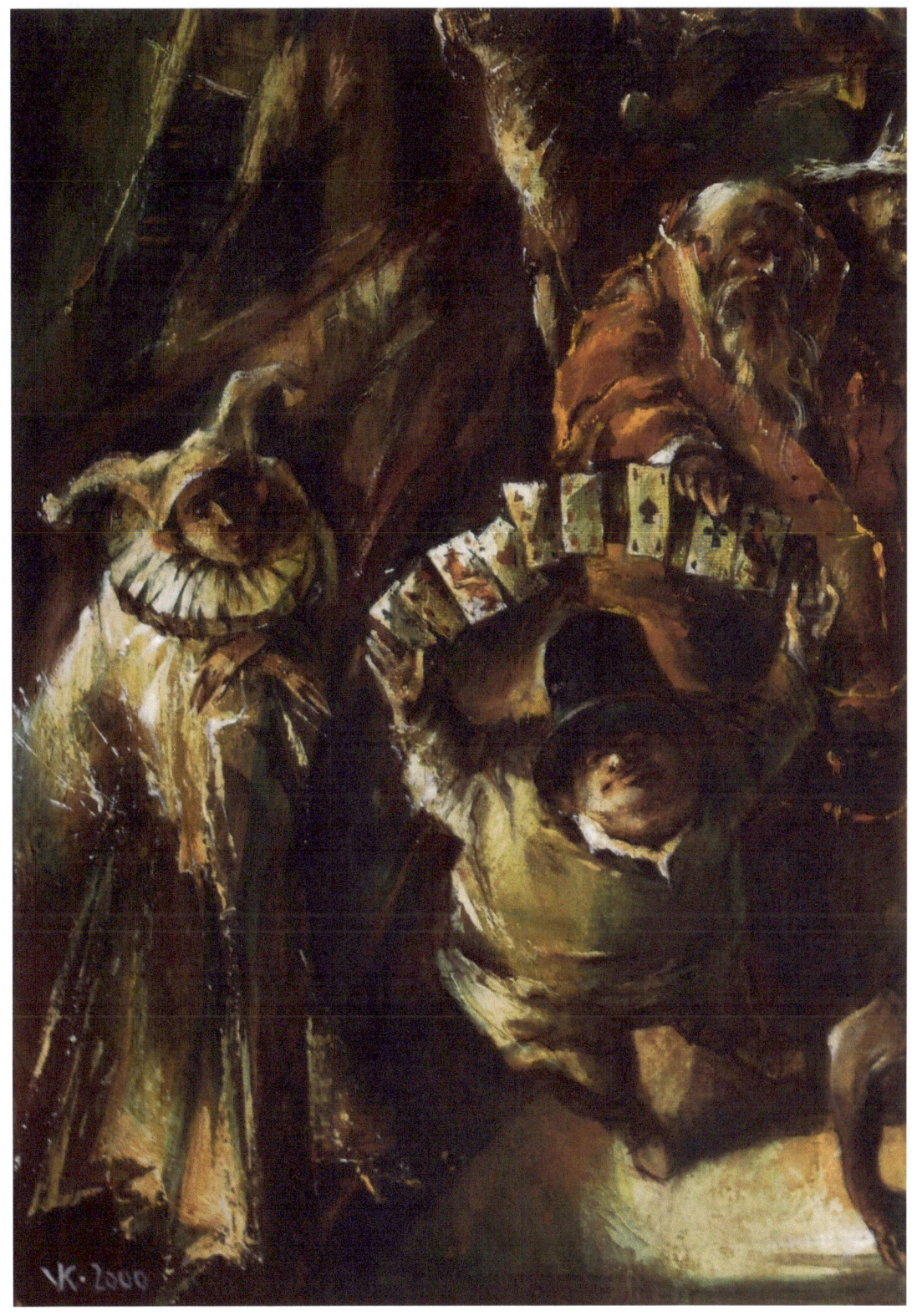

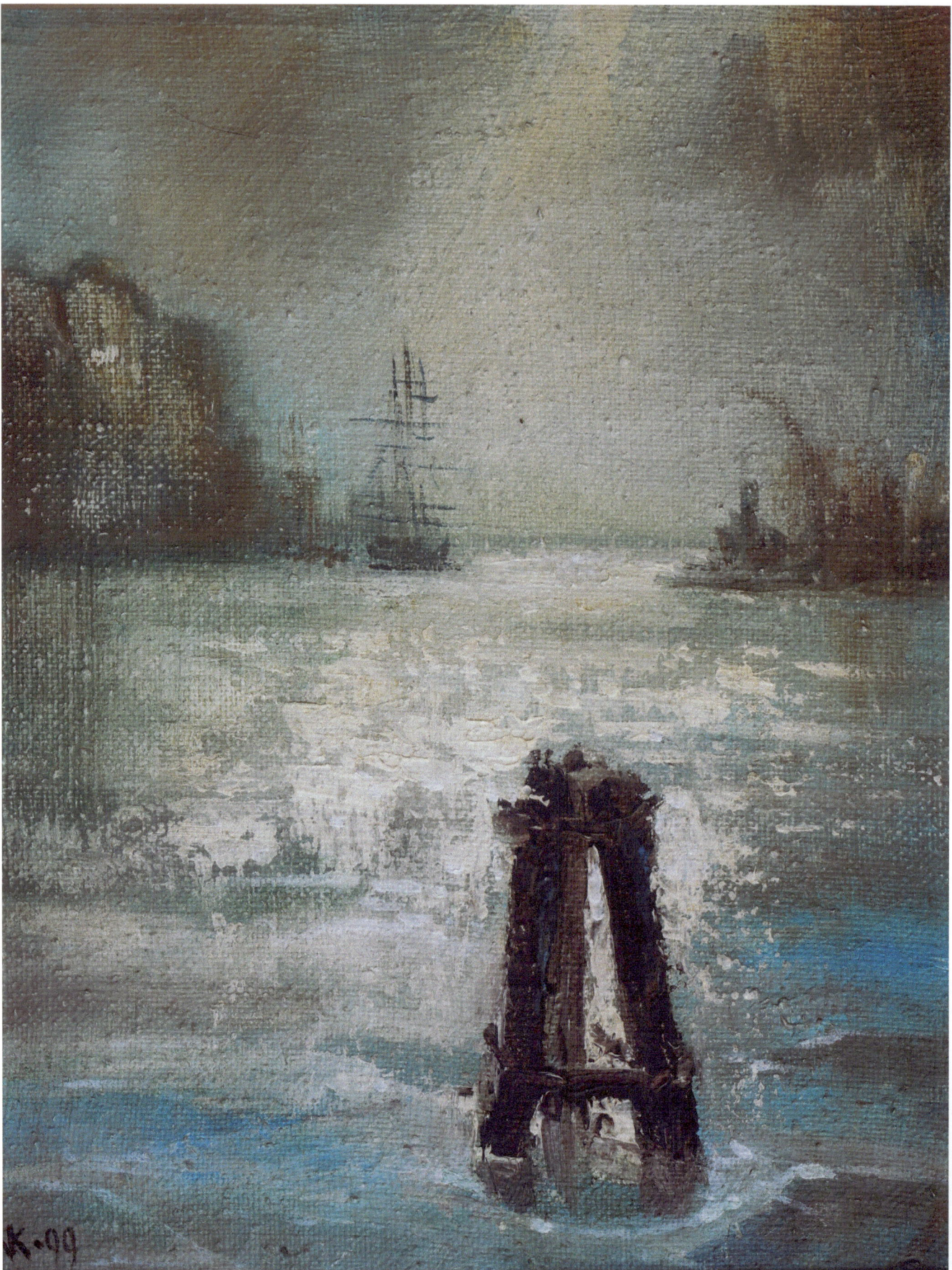

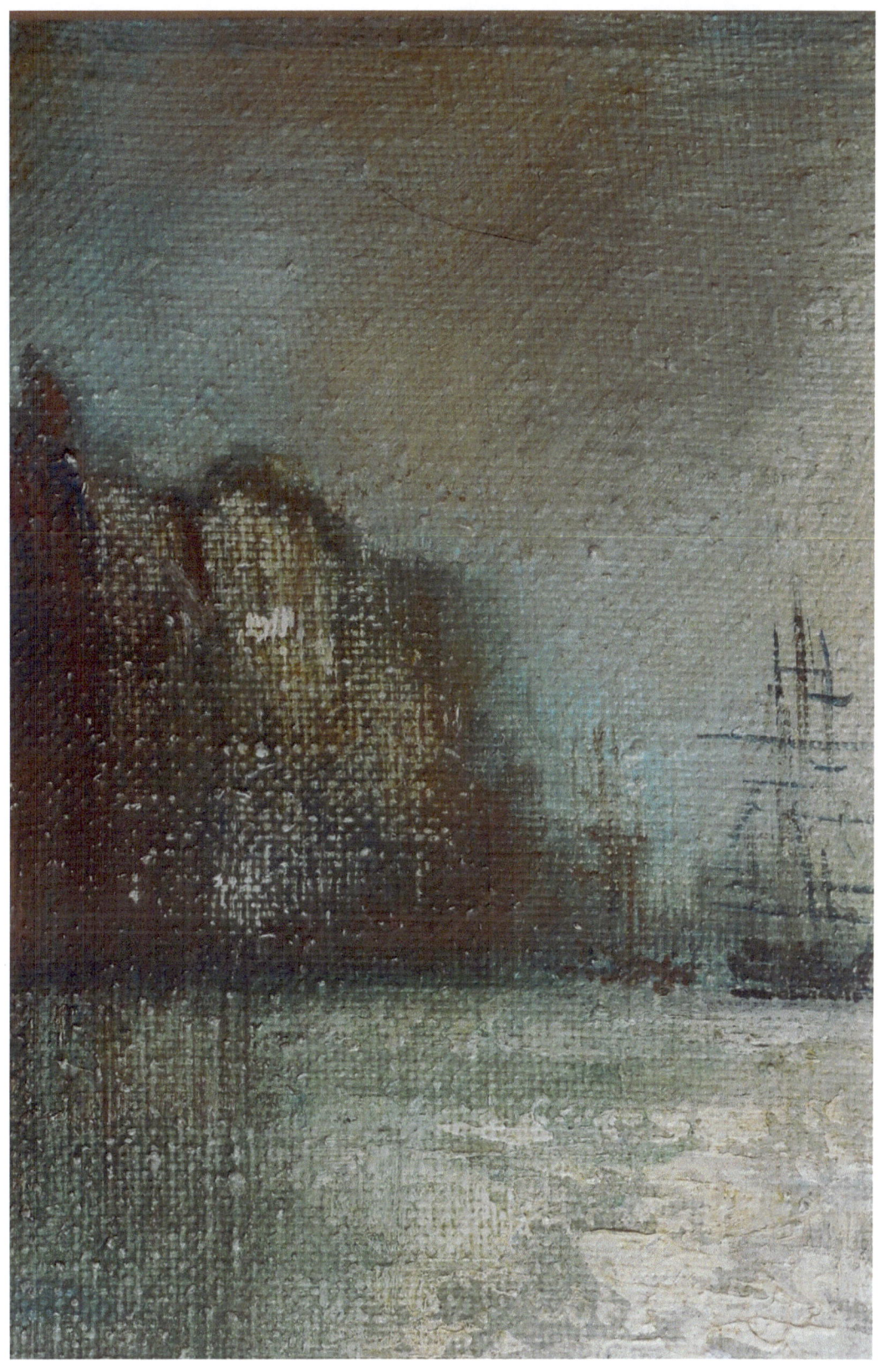

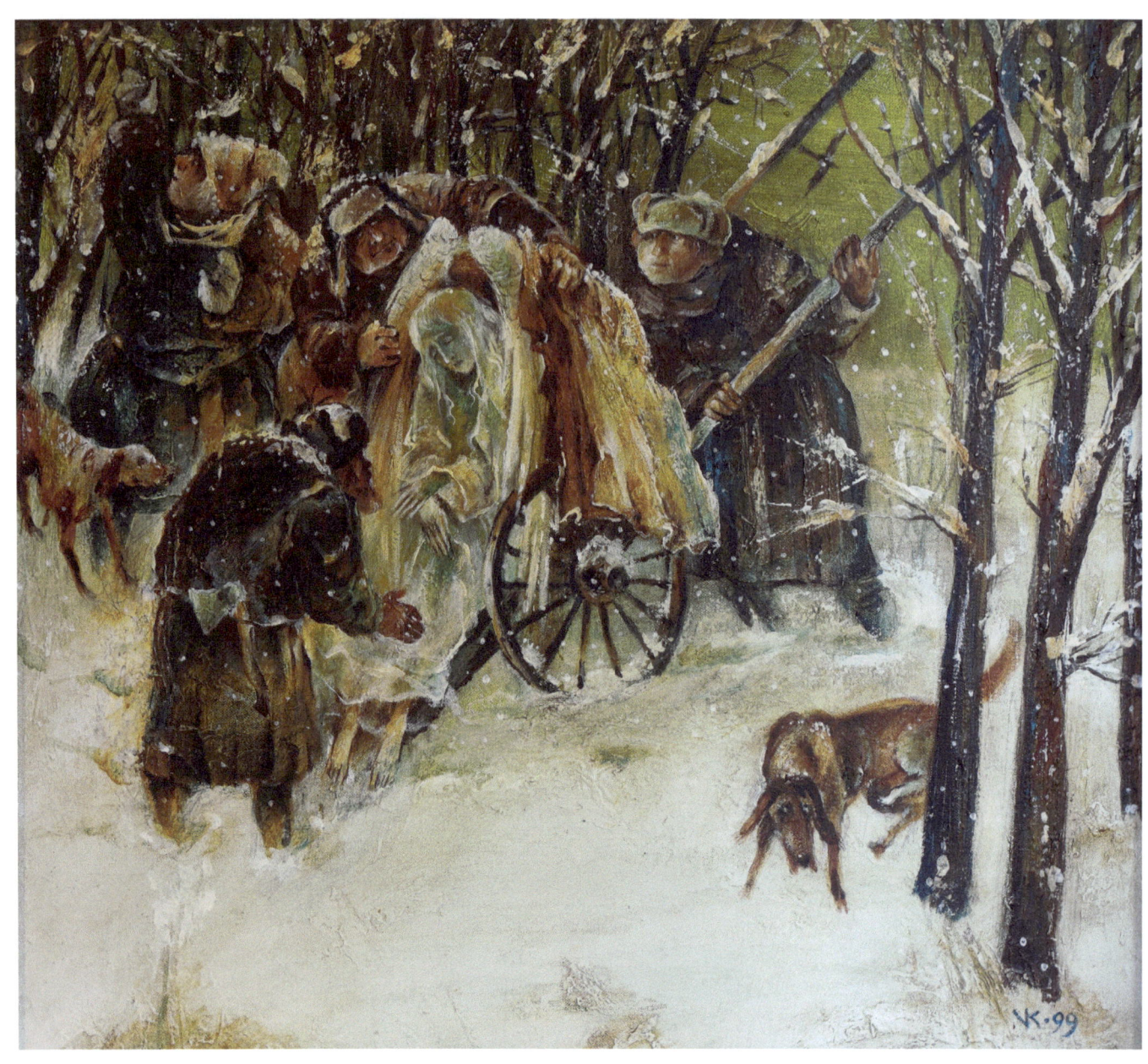

36

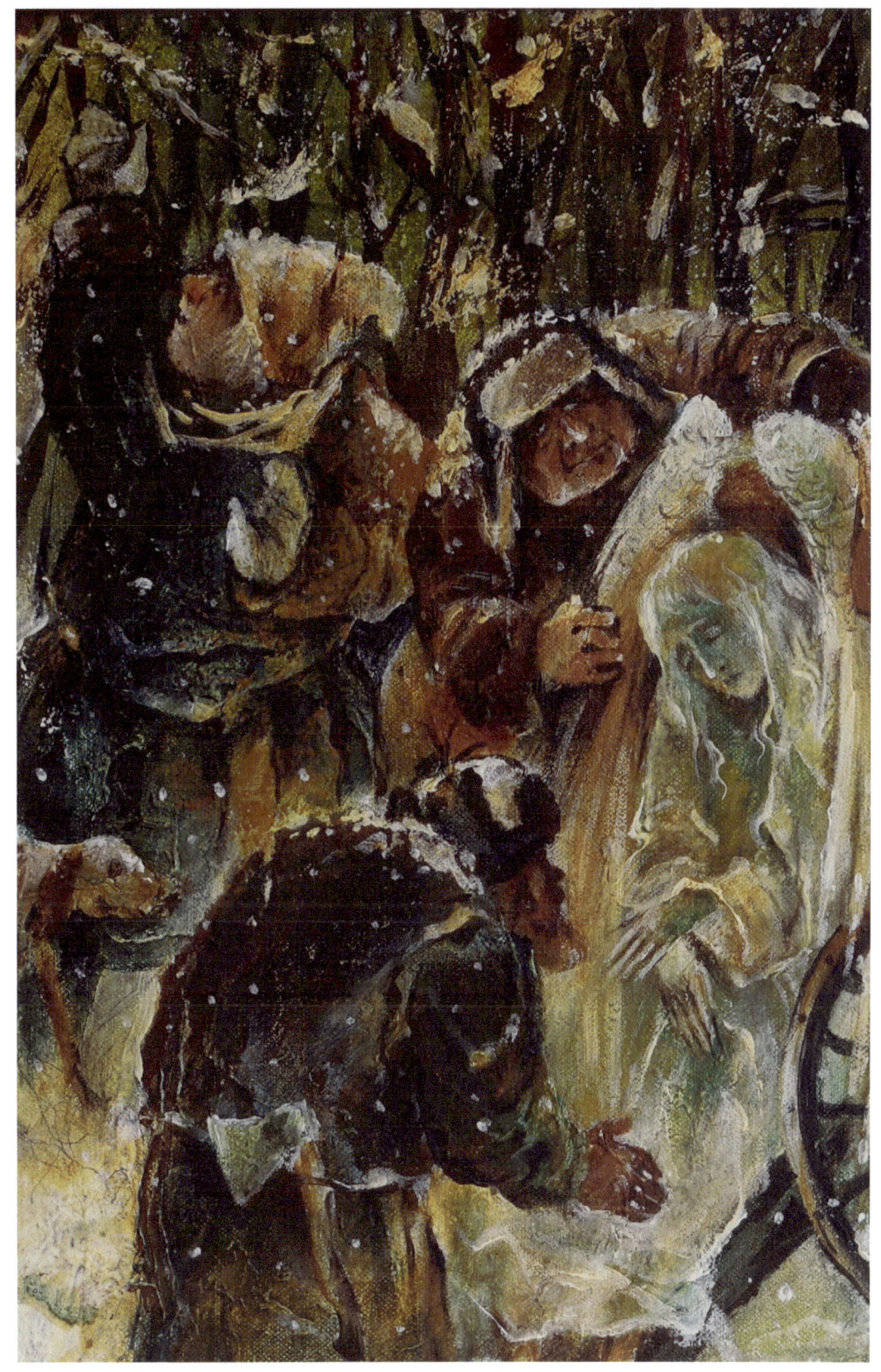

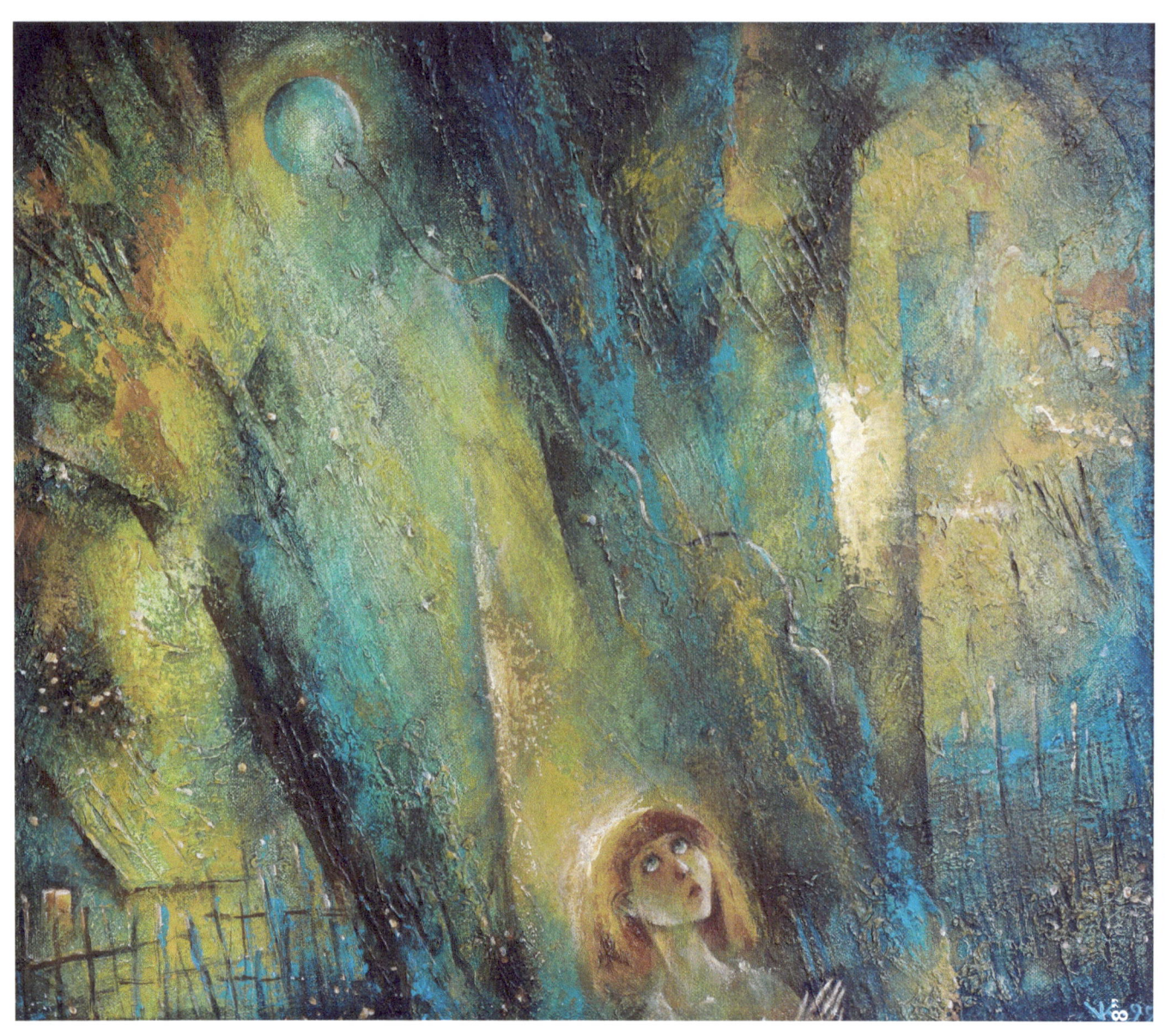

38

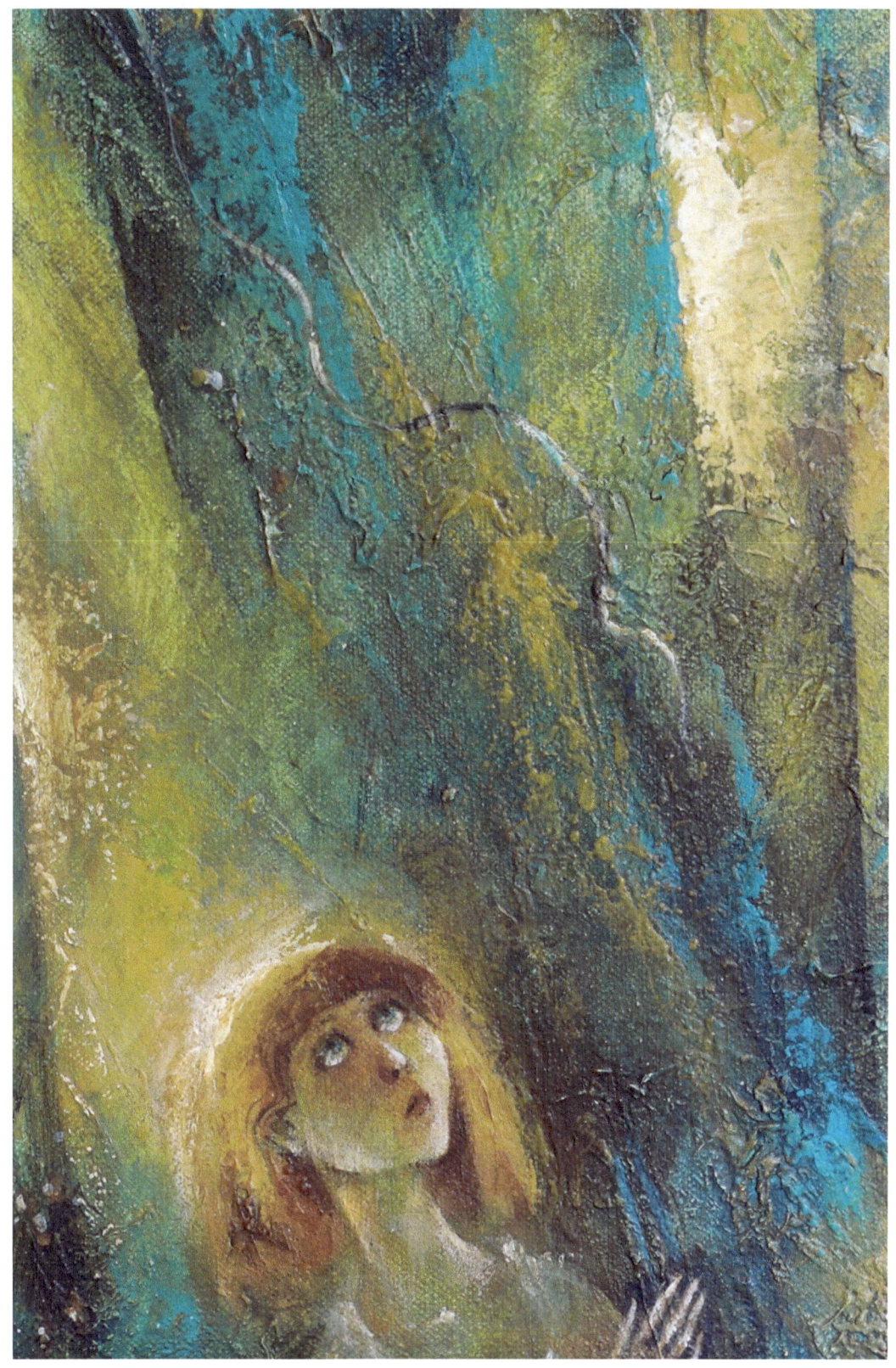

39

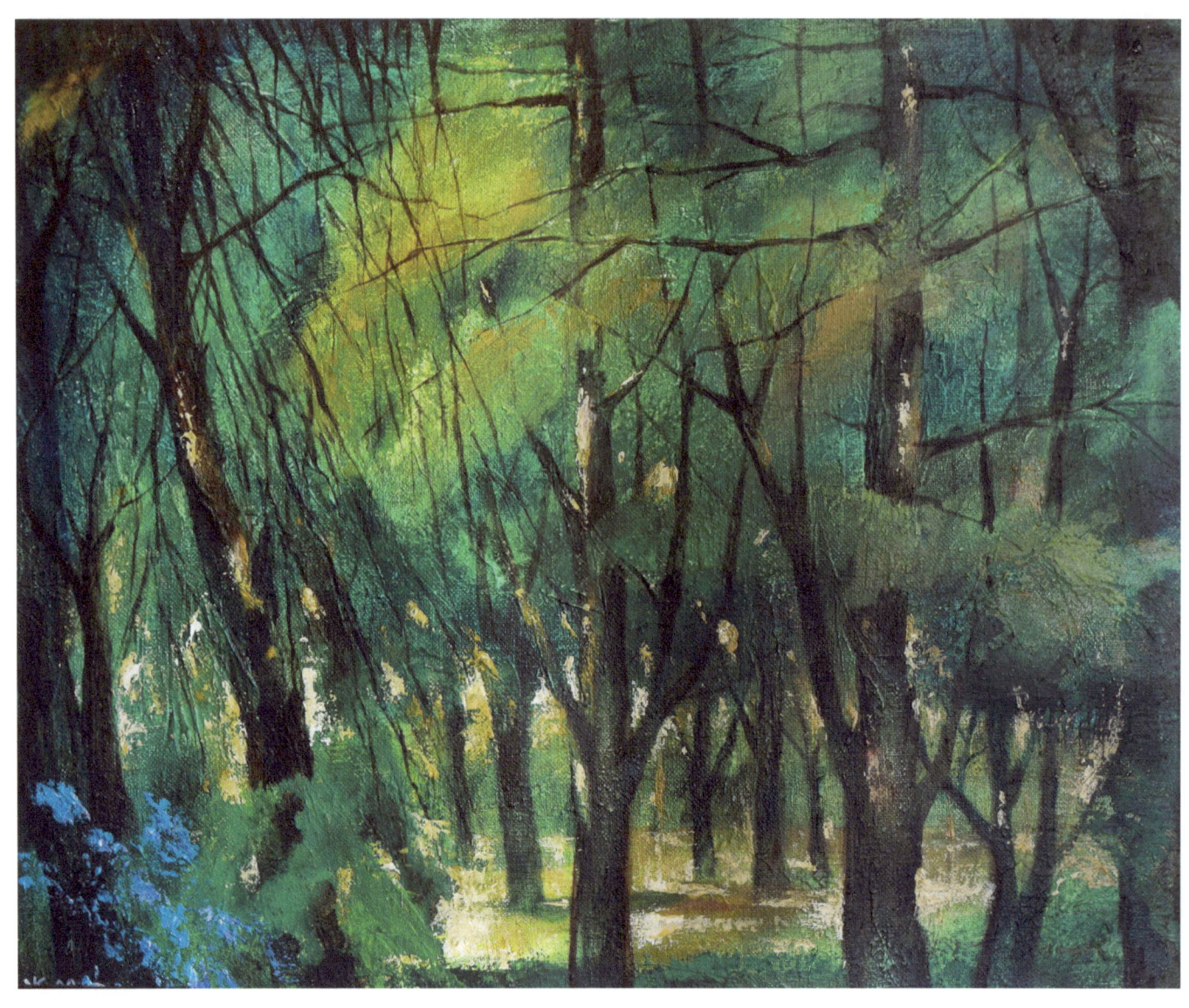

40

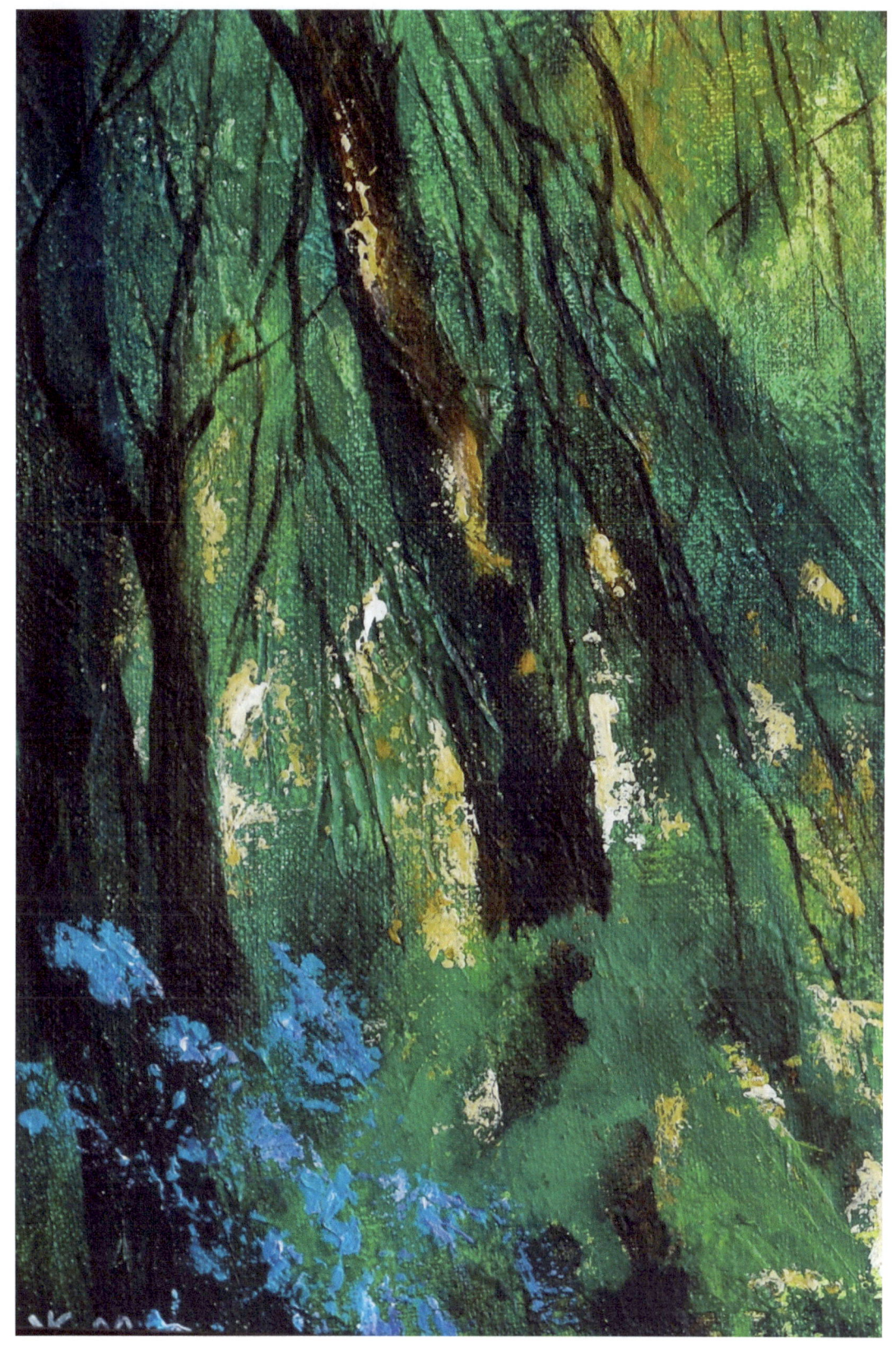

41

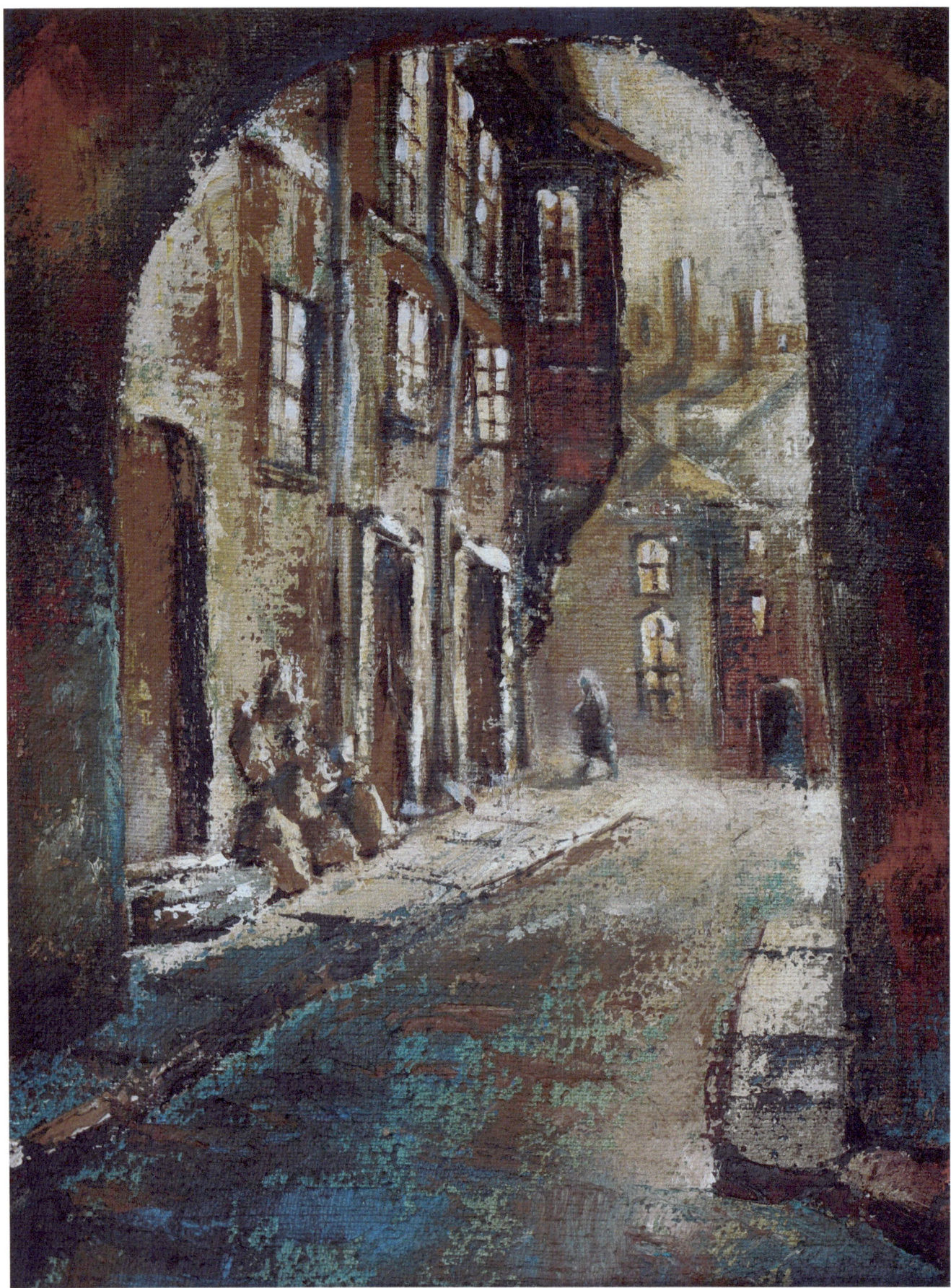

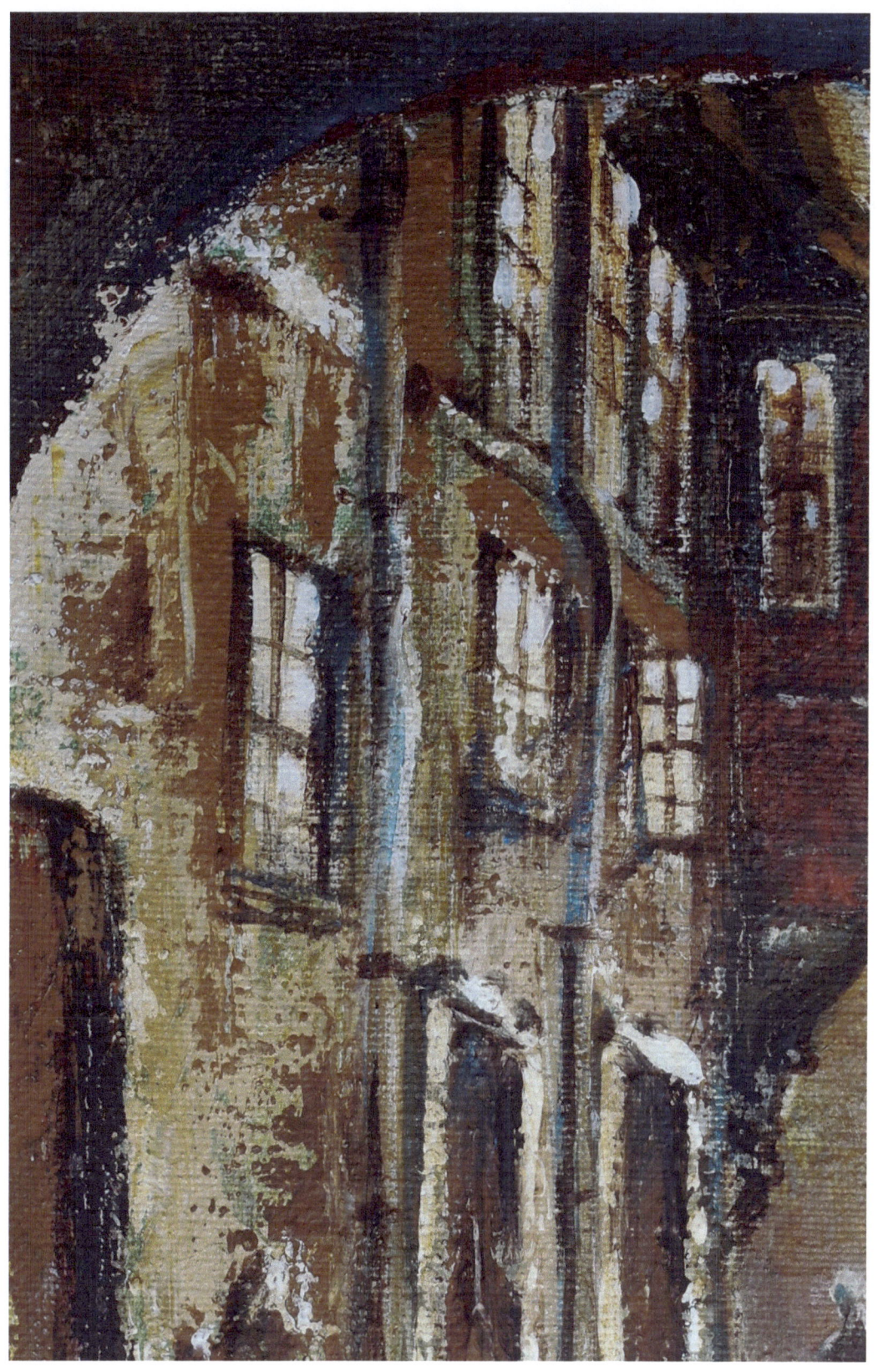

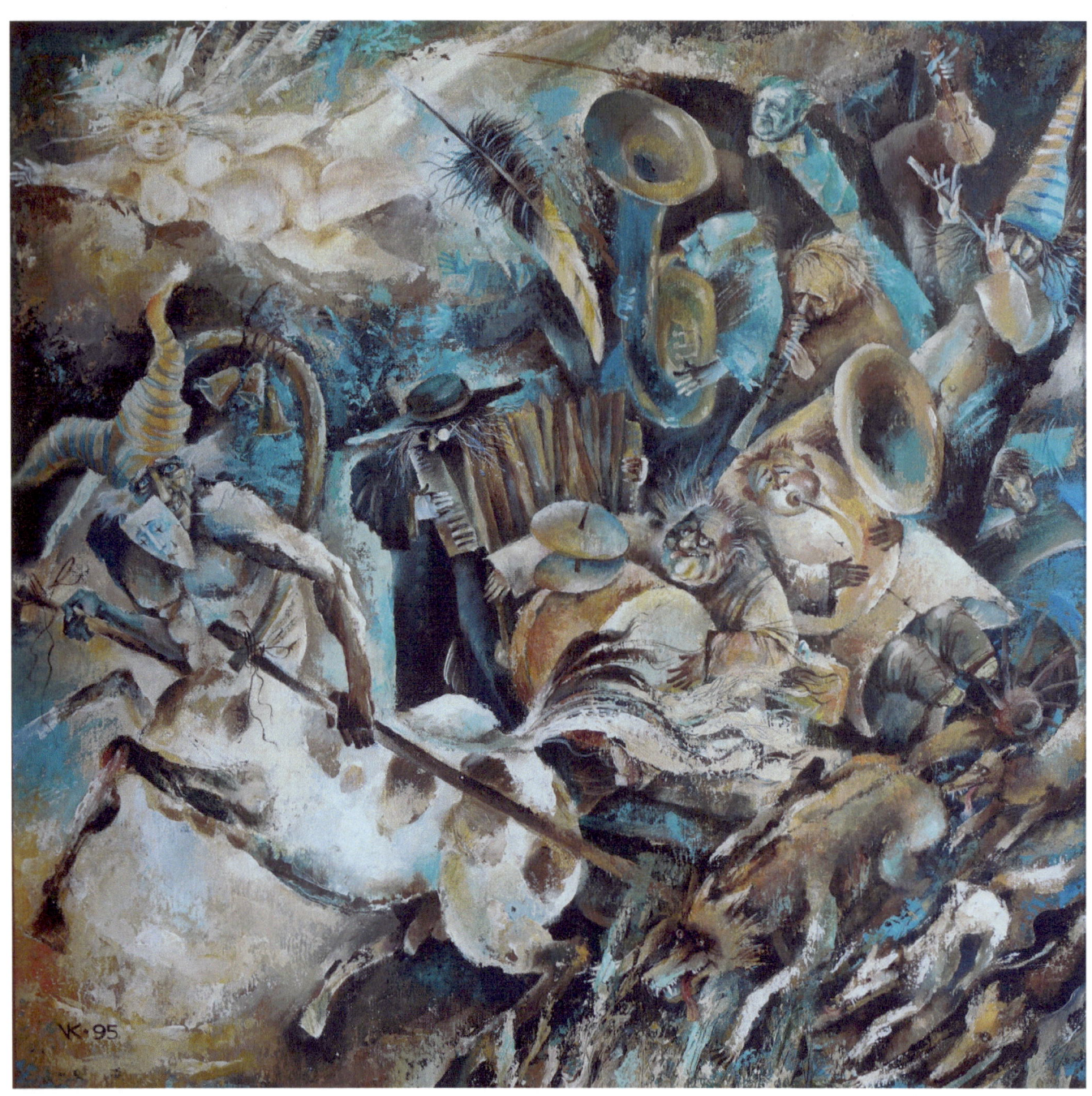

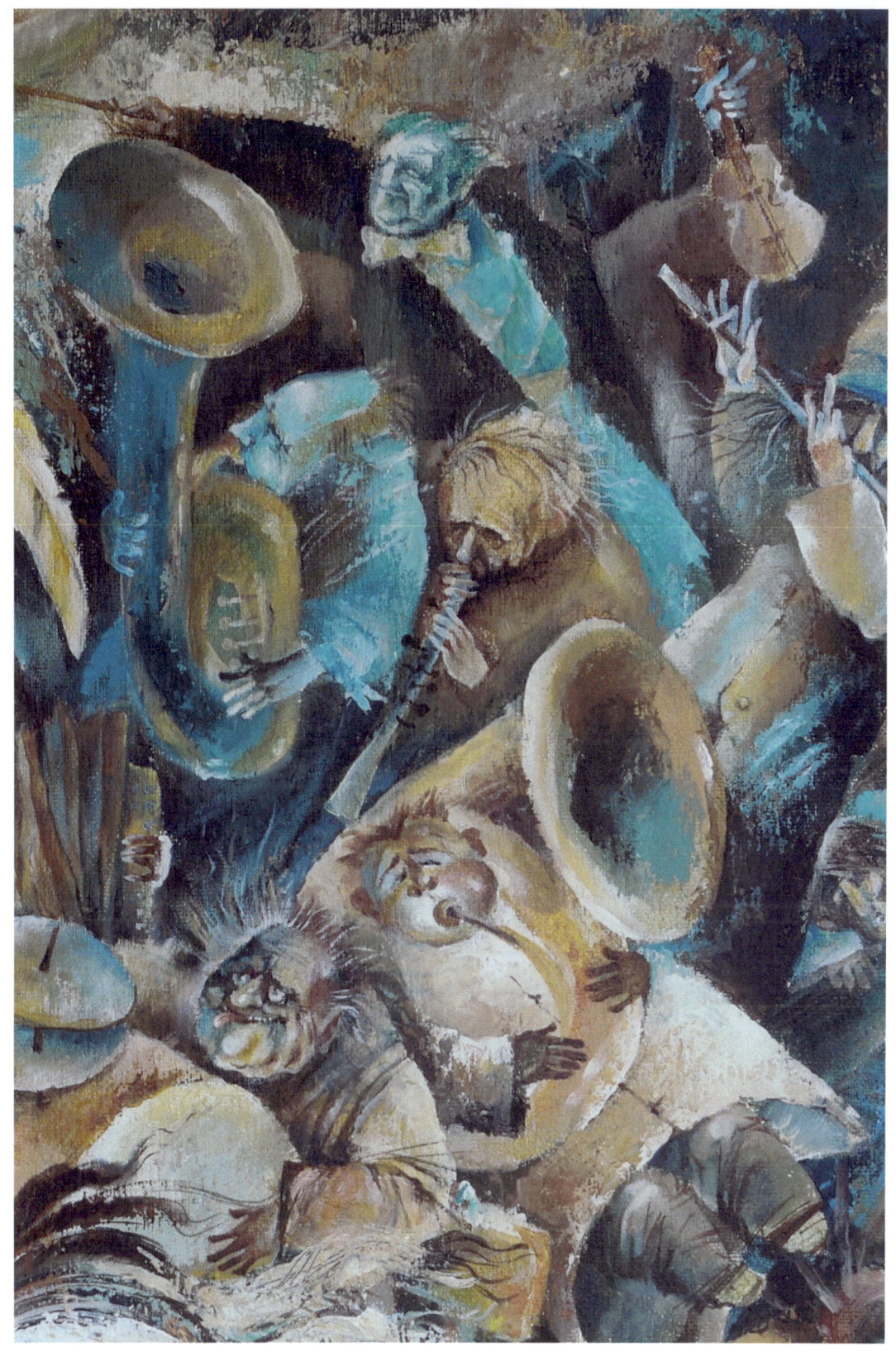

Валерий КОВАЛЕВ

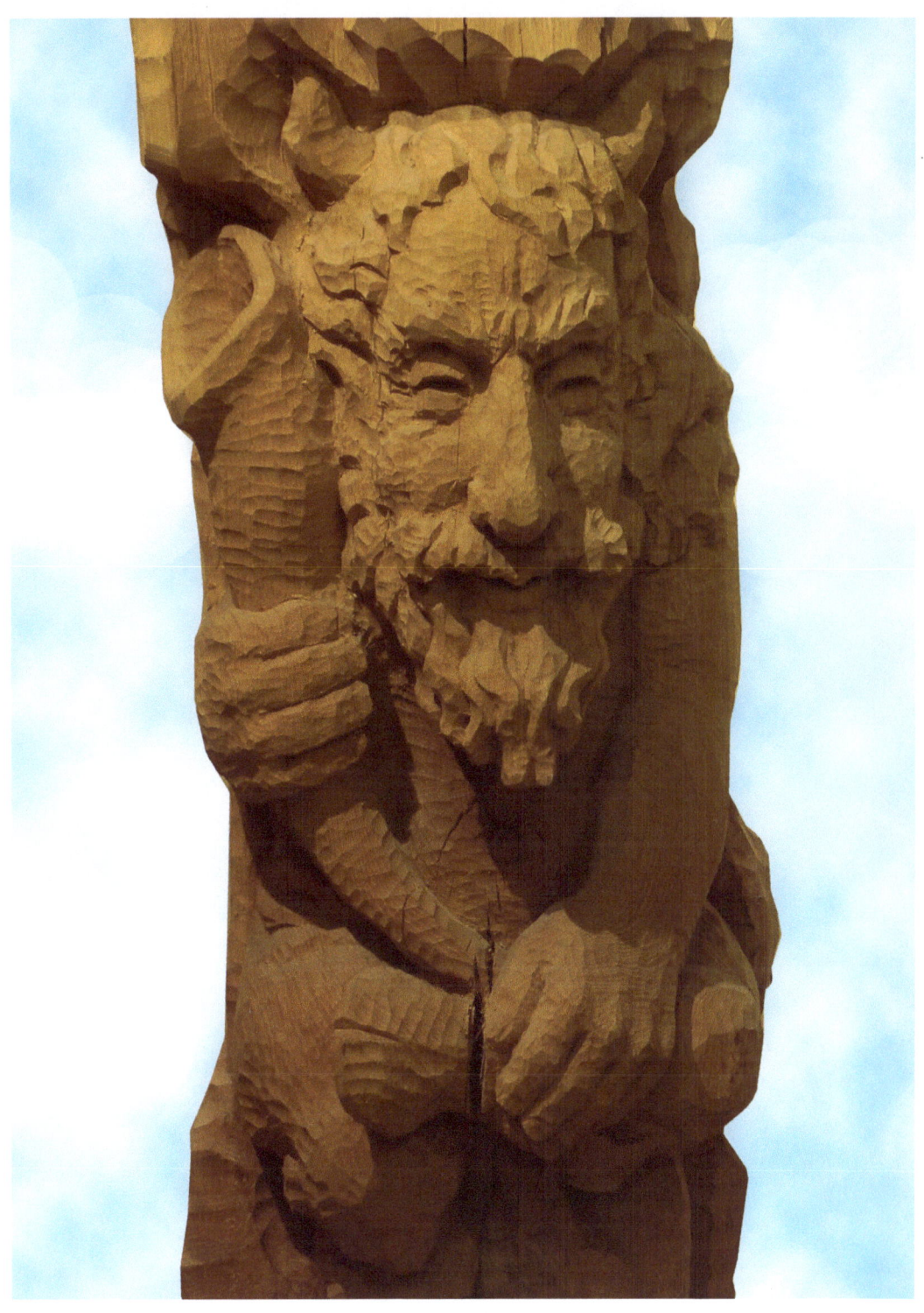

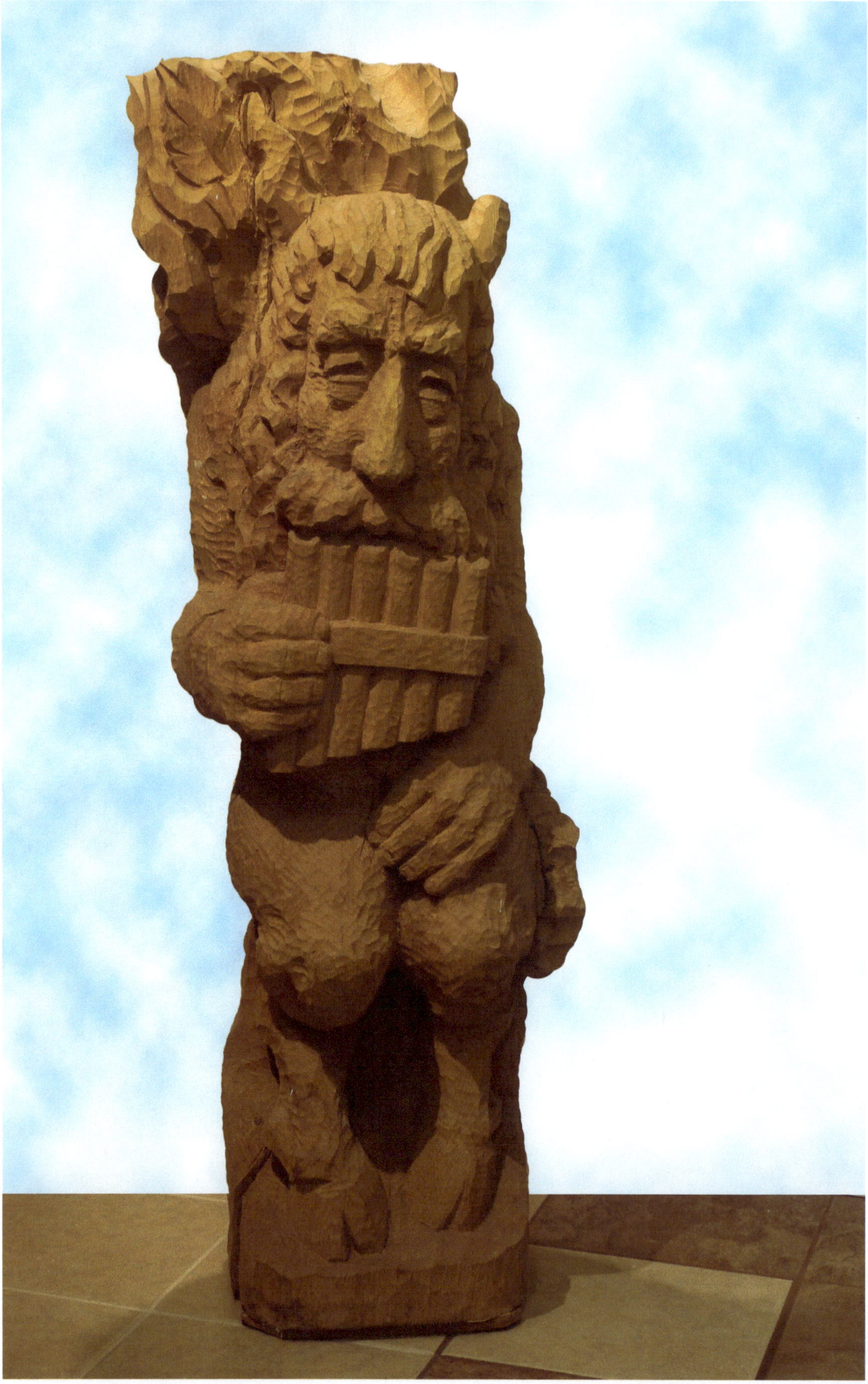

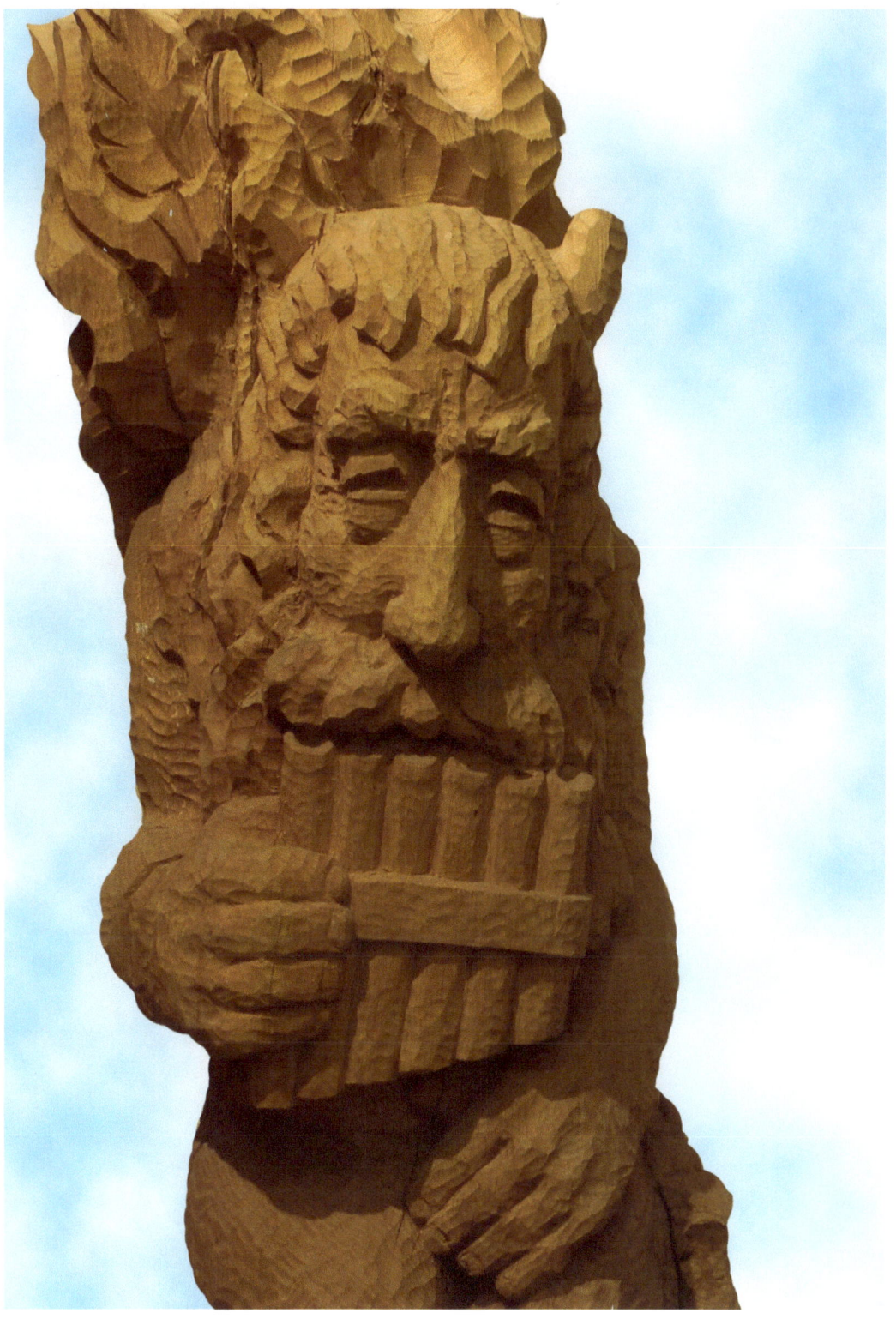

Валерий КОВАЛЕВ

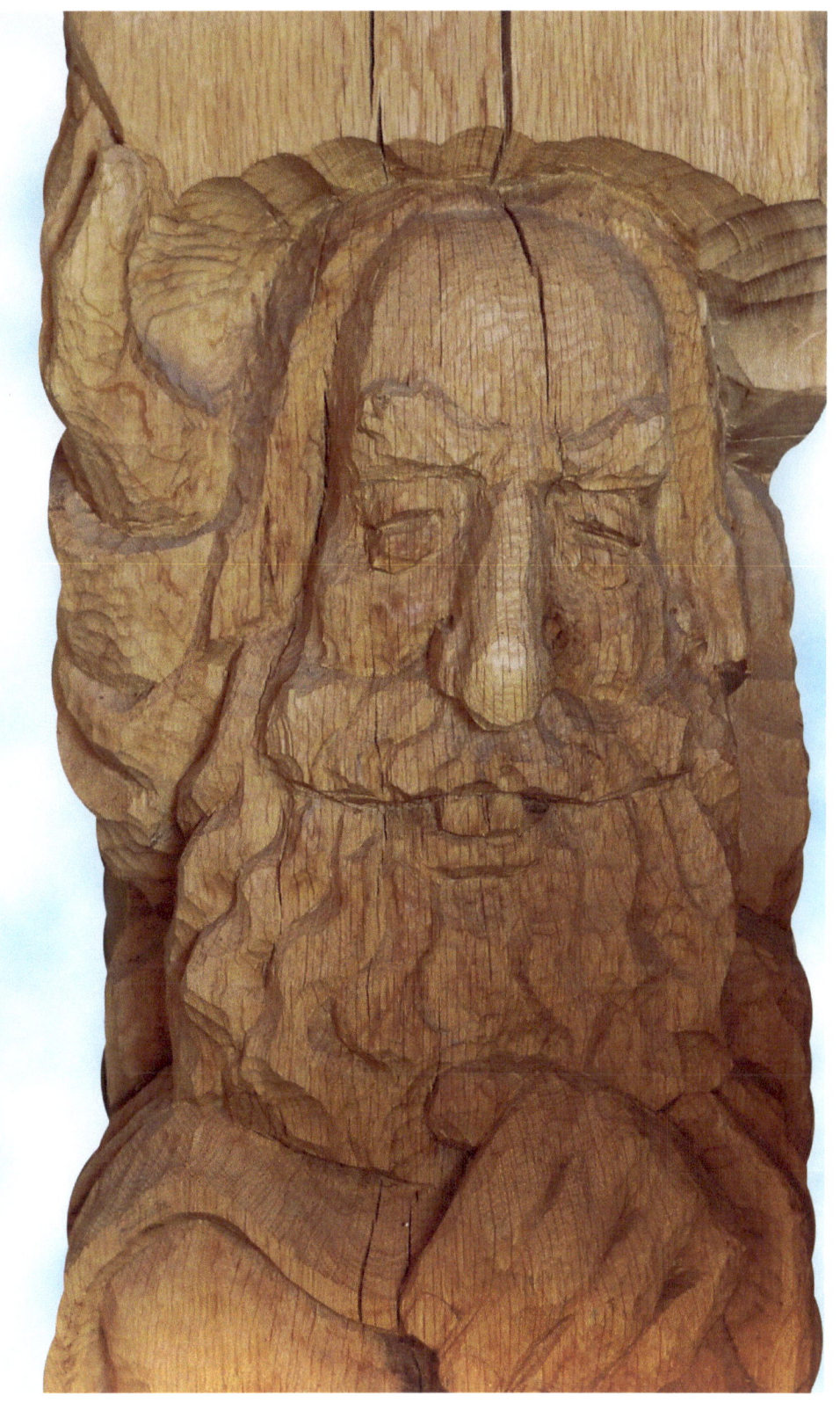

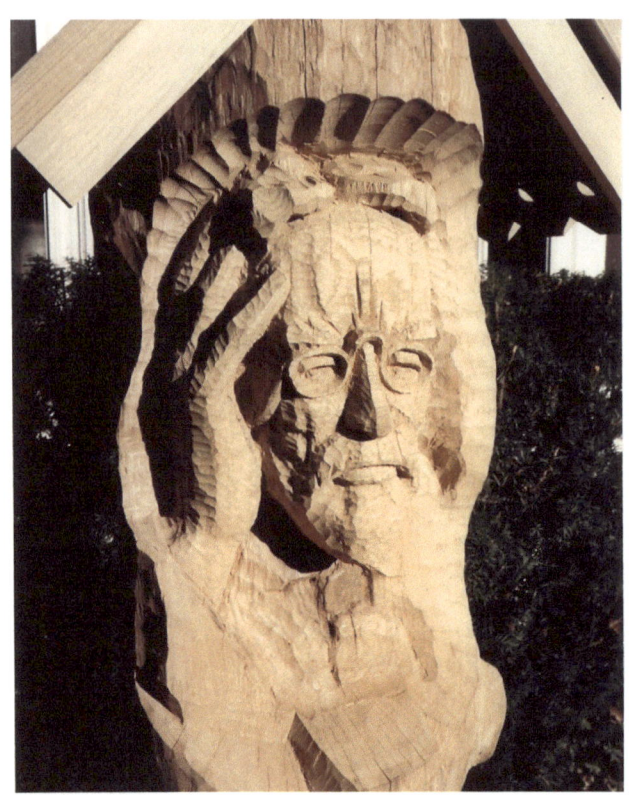
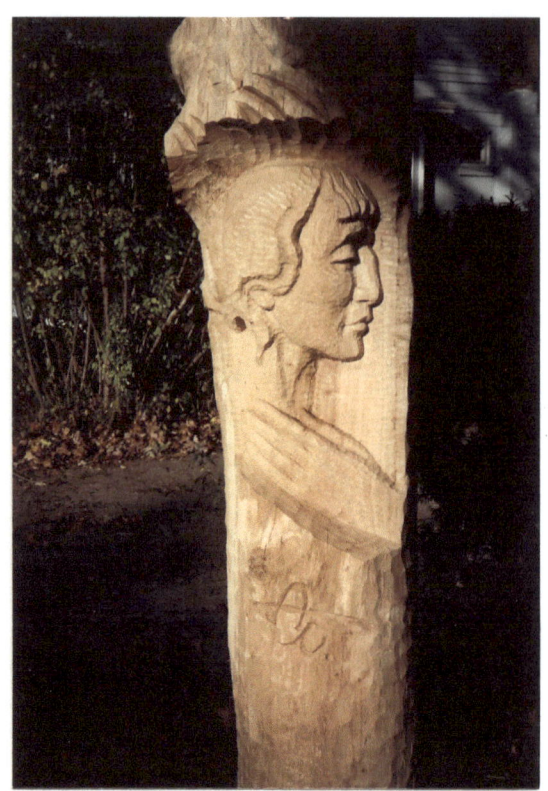
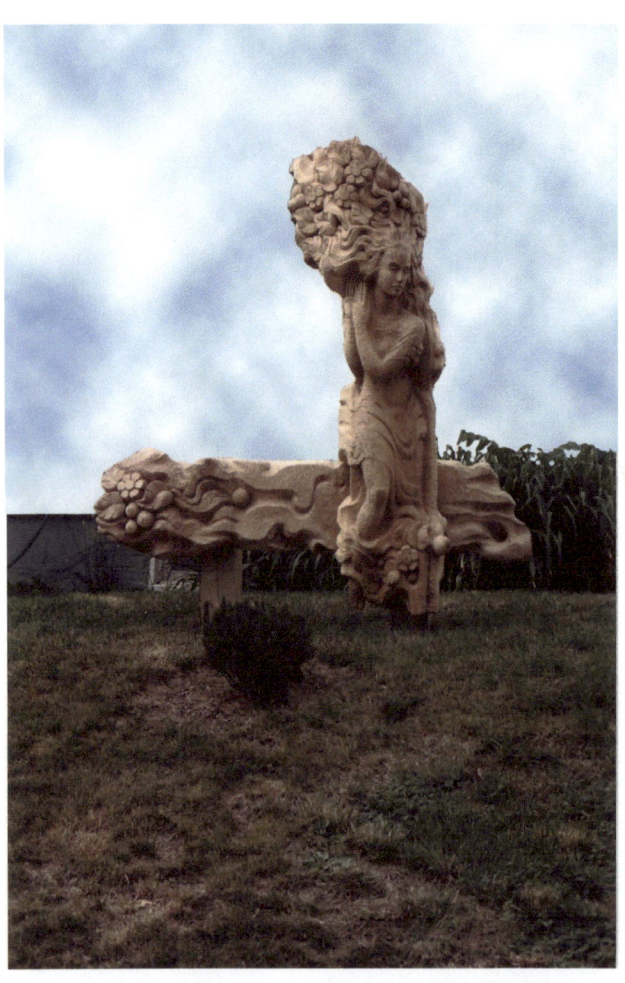
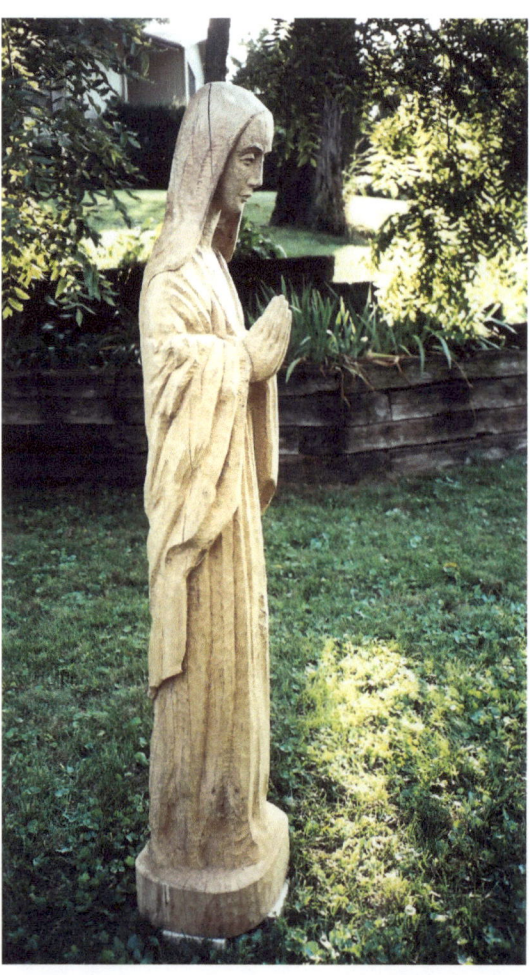

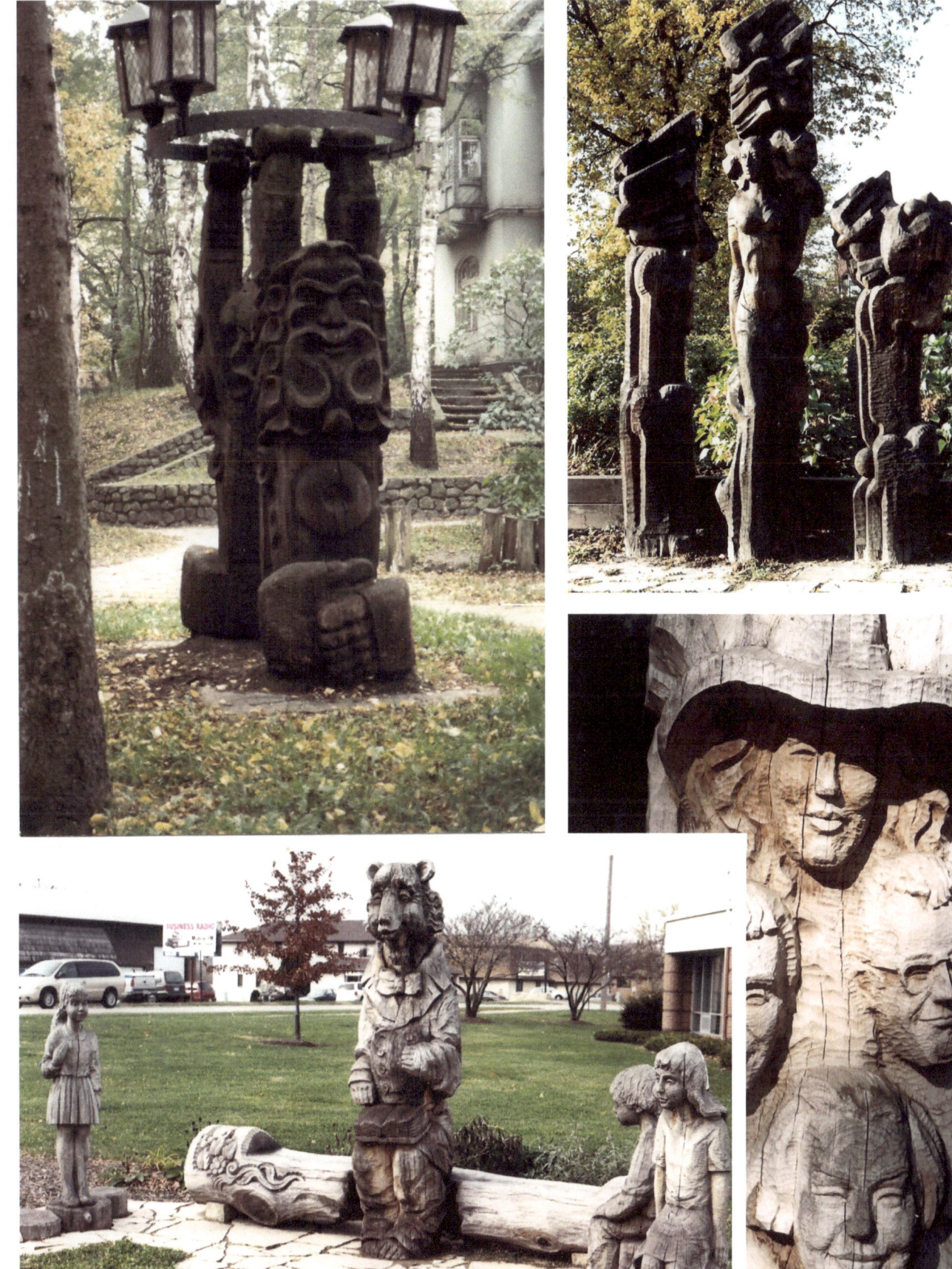

Список репродукций

ВАЛЕРИЙ КОВАЛЕВ

ЖИВОПИСЬ, СКУЛЬПТУРА

АМЕРИКАНСКИЙ

ПЕРИОД